Benedikte Naubert

Emmy Reinolds oder Thorheiten der Großen und Kleinen

Benedikte Naubert

Emmy Reinolds oder Thorheiten der Großen und Kleinen

ISBN/EAN: 9783743477537

Hergestellt in Europa, USA, Kanada, Australien, Japan

Cover: Foto ©ninafisch / pixelio.de

Weitere Bücher finden Sie auf **www.hansebooks.com**

EMMY REINOLDS ODER THORHEITEN DER GROSSEN UND KLEINEN

Benedikte Naubert

Erstes Kapitel.

Ein neuer Sturm wird abgeschlagen.

Emiliens Sieg über ihr Herz war nicht so leicht erhalten, als jener Brief, der den ersten Theil ihrer Geschichte beschließt, geschrieben war. Bey der festen Ueberzeugung, daß sie so und nicht anders habe handeln müssen, hatten doch Zweifel und trauriges Nachdenken über die ganze Sache kein Ende, bis Mistris Easy wieder nach der Stadt kam, von ihr die vollständige Erzählung der lezten Vorfälle erhielt, und denselben das Siegel ihres Beyfalls ausdrückte. Nichts kann uns vollkommen über den Werth unserer Handlungen beruhigen, als der Beytritt eines redlichen Freundes.

Mistris Easy, Emiliens wahre Freundin, freute sich in der That, daß diese von dem Baronet solche deutliche Proben seiner Hochachtung erhielt, Proben, die der beste Beweis von ihrem klugen Verhalten zu Fairlymanor waren, sie konnte nicht umhin, das arme Mädgen zu beklagen, daß sie auf gewisse Art genöthiget war, so vortheilhafte Anerbietungen, Anerbietungen, bey welchen ihr Herz so sehr ins Gedränge kam, auszuschlagen, aber sie beklagte sie nur heimlich.

Um sie nicht in ihren rühmlichen Ueberwindungen irre, um ihr das Herz nicht schwer zu machen, ließ sie es blos bey freundschaftlichen Tröstungen und Aufmunterungen bewenden; ach dieses arme Herz litt ohne dem mehr, als sie zuweilen zu verhelen im Stande war!

Sie bleiben bey mir, liebe Emilie, sagte Mistris Easy, bleiben so lange, bis ich eine Stelle für sie finden kann, die ganz meinen Wünschen entspricht.

Und könnte ich wohl, antwortete sie, mir je eine glücklichere Lage wünschen? — Aber ich muß darauf bestehen, sie so bald als möglich zu verlassen; muß suchen als Kammerjungfer bey einer vornehmen Dame anzukommen, wenn ich kein Haus finde, wo ich als Gesellschafterin leben kann. Ach Lady Wilmore! Lady Wilmore! warum mußte mir das Glück bey dir so ungünstig seyn?

Warum mußte doch Lady Wilmore eine Närrin seyn? erwiederte Mistris Easy lachend, ich kann mir nicht vorstellen, was sie für ein glückliches Leben bey einer Person gehabt haben würden, welche im Stande war, sich durch eine kaum nennenswerthe Kleinigkeit von einer Person abwenden zu lassen, für die sie übrigens viel Neigung zu fühlen schien. Es kann nicht fehlen, die Frau Herzogin wird ausser dem Abscheu vor dem Namen Emilie noch manche unverzeihliche Schwachheiten haben, die ihren schwer genug geworden seyn sollten zu übertragen. Fühlen sie denn aber je eine so besondere Stärke in sich, Geduld mit Thörinnen zu haben, so könnte ich ihnen gleich das Haus einer Dame zu ihrem künftigen Aufenthalte vorschlagen, in welchem ihnen, wenn sie mit der Hauptperson auskommen könnten, nichts fehlen würde.

Emilie lächelte, und gestand, daß sie in der That für Lady Wilmore eine gewisse Vorliebe gefühlt habe, welche sie gegen ihre Schwächen nachsichtiger gemacht haben würde, als gegen andere; indessen bat sie, ihre Freundin möchte ihren Vorschlag hören lassen, und denn ihren Entschluß vernehmen.

Die Dame, fuhr Mistris Easy fort, ist, ob sie gleich nicht den Namen einer Herzogin führt, doch eine Person von Rang und Vermögen. Ihre Thorheiten ausgenommen, soll es sich, wie man sagt, bey ein wenig Behutsamkeit ganz gut mit ihr auskommen lassen. Wollen sie es versuchen, so kann ich ihnen nicht abrathen. Sie wissen so gut als ich, daß man um einiger Grane närrischer Laune willen nicht eine Person sogleich ganz und gar verwerfen muß. Sie sind von einer sanften sich immer gleichen Gemüthsart, und verstehen sich darauf, Leuten von ganz verschiedenen Gesinnungen angenehm zu werden, lassen sie einmal sehen, wie weit sie es bey der grillenhaften Lady bringen werden, von welcher Frau Kolemann ihnen mehr sagen wird.

Emilie bat, der Dame je eher je besser vorgestellt zu werden, und legte einen besondern Accent auf die lezten Worte, weil sie den Gedanken nicht ertragen konnte, der gutherzigen Mistris Easy lang zur Last zu fallen, welche selbst in ziemlich eingeschränkten Umständen lebte. Diese gute Frau sagte, auf Emiliens Meinung, die sie wohl verstand, alles, was sie sagen mußte; und gab denn ihre Einwilligung, mit Frau Kolemann, welche jene Dame genau kenne, über die Sache zu reden.

Ein Gespräch über Emiliens anderweitige Angelegenheiten, das sich darauf zwischen beyden entspann, und welches darauf hinauslief, daß an den ausgetretenen Vormund, Herrn Hippocrene, nach Dublin geschrieben werden sollte, ward jezt schnell durch einen Brief unterbrochen, den Mistris Easy erhielt, und den sie, nachdem sie ihn geöfnet, und nach der Unterschrift gesehen hatte, mit manchem bedeutenden Blick auf Miß Reinolds erst heimlich und denn laut zu verlesen begunnte.

„Madam,

Ich kenne ihre Neigung für Miß Reinolds, kenne den Einfluß, den sie auf jeden ihrer Entschlüsse haben; nnd weis, daß sie ihnen nichts von ihren geheimen Angelegenheiten verschweigt, dies macht mich so kühn, mich schriftlich an sie zu wenden. Sind sie Emiliens Freundin, so sind sie auch die Freundin des Man=

nes, der das Glück dieses angebeteten Mädgens sucht, so werden sie sich nicht weigern, ihr die Augen über die redliche Neigung zu öfnen, die ich für sie fühle, und die den Wunsch, sie durch die ehrenvollsten Bande zu der Meinigen zu machen, immer heißer werden läßt.

Ach, es war einst eine Zeit, da ich mir schmeichelte, Emilie habe keine Einwendung wider mich, und noch bin ich stolz, bin ich glücklich genug, zu glauben, jede ihrer Weigerungen entspringe nicht aus Widerwillen gegen mich, sondern aus jener übertriebenen Großmuth und Delikatesse, die ich zugleich bewundere, und als die Hinderniß eines Glücks, das ich nur an ihrer Seite genießen kann, tausendmal verwünsche.

Urtheilen sie von der unangenehmen Lage, in welche mich ihre Strenge gesezt hat. Mit diesem vollen liebekranken Herzen soll ich sie weder besuchen noch an sie schreiben. Ich werde, wie sie mich versichert, ihre Thür immer verschlossen finden, und meine Briefe sollen unentsiegelt wieder zurück gesendet werden, kann etwas härter seyn? — doch ich will gehorchen, hat sie mir doch nicht den Weg zu einem der wirksamsten Mittel, mich aus meinem Kummer zu reißen, versagt, ists ihr doch nicht eingefallen, daß ich mich an ihre treue Freundin wenden, und durch ihr weises Einrathen ihre Unerbittlichkeit bestürmen kann.

O Madam, laſſen ſie meine Hofnungen in Anſehung ihrer nicht täuſchend ſeyn! laſſen ſie mich eine tröſtende hülfreiche Freundin in ihnen finden! — Sie kennen mich nicht ſeit heut und geſtern erſt; finden ſie denn, daß ich ihre liebenswürdige Freundin glücklich machen kann, o ſo bewegen ſie ſie, mich zu ſehen, mich anzuhören, und durch die ſeligſten unauflöſlichſten Bande, welche nur ſie mich lieben lehren konnte, die Meinige zu werden.

Meine Tante Freelove wird ſich bald mit einem Schritte ausſöhnen, der ihr nur ſo lange mißfallen kann, als gewiſſe Leute ohne Charakter und Bedeutung einen Einfluß auf ihre Urtheile haben, Leute, die ich verachte, und von denen ich die ehrwürdige Matrone zu befreyen wiſſen werde.

Sie liebte ja ehemals Emilien, liebte ſie ſo lang, bis jene Nichtswürdigen, die durch den Glanz dieſes Engels verdunkelt, durch ihre allbezwingende Liebenswürdigkeit aus dem Herzen meiner guten Tante verdrängt zu werden fürchteten, begunnten, jene Kabalen wider ſie zu ſchmieden, die ſo guten Erfolg gehabt haben.

Sollten ſie, theure redliche Freundin meiner Geliebten, ſollten ſie ſich mit mir vereinigen, den angeſchwärzten Charakter dieſer Unſchuldigen zu vertheidigen, wer wird es dann noch wagen, ihn anzutaſten? Habe ich ſie erſt auf die öffentlichſte, glänzendſte, feierlichſte Art

zu der Meinigen gemacht, so kann sie ja all
ihrer erbitterter Feinde lachen, und glücklich
seyn im Besitz des Herzens, des Ranges, des
Vermögens eines Mannes, welcher sie anbe=
tet, und ihr Vergnügen zu dem einigen Zweck
seines Lebens machen wird.

Darf ich auf beschleunigte Antwort, und
auf die Erlaubniß hoffen, ihnen bald, lieber
heut als morgen, aufzuwarten, so rechnen sie
auf die ewige Dankbarkeit des Mannes, der
sein höchstes Glück aus ihren Händen erwartet.

G. Freelove."

Ich weis nicht, ob das zärtlichste Send=
schreiben, an Emilien unmittelbar abgelassen,
einen solchen Eindruck auf sie hätte machen kön=
nen, als dieser Brief an ihre Freundin. Mit
Mühe strebte sie, ihre Gefühle zu verbergen,
und konnte auf Befragen kaum die Worte stam=
meln, wie Mistris Easy ihre Gesinnungen ge=
wußt habe, ehe dieser Brief erschienen sey.

Und er sollte also keine Veränderung in
denselben verursacht haben? fragte Georgs ge=
wählte Helferin.

O Madam, erwiederte die erröthende Emi=
lie mit schwimmenden Augen, meine Gedan=
ken über die immer neuen Beweise von Sir
Georgs redlicher Liebe zu mir mögen seyn wel=
che sie wollen, so darf ich dennoch meine Ent=

schließungen nicht ändern. Sprechen sie selbst, wie kann ich bey der gegenwärtigen Lage der Sachen seine großmüthigen Anerbietungen annehmen? Schonen sie mein beängstigtes Herz, und sagen sie ihm das, was ihm gesagt werden muß, auf ihre eigene Art, ohne mich weiter zu fragen.

Mistris Easy bewunderte stillschweigend das edle Verfahren des jungen Mädgens und schrieb folgendes Billet, das sie Emilien zu lesen gab.

„Sir,

Es bekümmert mich, daß ich ihren auf so verbindliche Art geäußerten Wünschen nicht entsprechen kann. Ich bin von Anfang schwer daran gegangen, meinen Rath, oder auch nur meine Meinung über diese Angelegenheiten hören zu lassen.

So viel ist gewiß, daß ich kein Mädgen kenne, welches liebenswürdiger als Miß Reinolds, oder fähiger wäre als sie, einen Mann von Sir Georgs Geschmack und Verstand durch ihre Hand glücklich zu machen; auch weis ich, daß sie ihre Vorzüge vollkommen zu schätzen wissen, aber eben diese Vorzüge erhalten durch die abschlägliche Antwort, die sie ihnen gegeben hat, einen so glänzenden Zuwachs, daß ich nicht daran denken kann, sie durch meine Ueberredungen zum Gegentheil zu mindern.

Nein, mein Herr, meine junge Freundin ist mir zu theuer, um so etwas nur zu unternehmen, auch muß ich, so lange sich Miß Reinolds bey mir aufhält, alle Briefe und Besuche in diesen Angelegenheiten verbitten. Sie, dem die Ehre des lieben Mädgens so theuer seyn muß als mir, sehen selbst ein, welch einen gehäßigen Flecken das geringste Verkehr zwischen uns auf unserer aller Charakter zurückwerfen könnte.

Gern tröstete ich sie, und hieß sie auf glücklichere Tage hoffen, aber die Zeiten der romanenhaften Zufälle, welche Unmöglichkeiten möglich machen konnten, sind nicht mehr, und ich kann ihnen also keinen treuern, freundschaftlichern Rath geben, als den, Emilien zu vergessen.

A. Easy."

Emilie gab den Brief mit halb trauriger halb vergnügter Mine zurück. Die vortheilhafte Art, mit welcher ihrer in demselben gedacht war, schmeichelte ihrer Eitelkeit, und forderte ihren Dank; aber der Hauptinhalt, so sehr er auch ihren unerschütterlichen Entschlüssen gemäß war, unterließ doch nicht, einen geheimen Schmerz und den Gedanken in ihr zu erregen, daß nunmehr das Band zwischen ihr und dem Geliebten ganz zerschnitten sey. Er soll mich ja vergessen, sagte sie zu sich selbst, und die Zeiten romanhafter Zufälle, welche Unmöglichkeiten möglich machen konnten, sind verschwunden!

Wenn sie denn also, sagte Mistris Easy, als Emilie nichts einwendete, mit meinem Schreiben zufrieden sind; so lassen sie mich eine Kopie davon machen, die ich eines Tages nebst Sir Georgs Briefe Mistris Freelove vorlegen könne. Ich werde ihr bald schreiben, und sie werden wahrscheinlich der Hauptinhalt des Briefes seyn.

Emilie fragte, um nur nicht weiter von diesen Dingen sprechen zu dürfen, ob man nicht nach Frau Kolemann wegen der bewußten Sache schicken wollte.

Sie sind ein außerordentliches Mädgen, Emilie! sprach Mistris Easy, und mich wundert nicht, daß Sir Georg — —

O nichts mehr von Sir Georg, liebe Madam, rief Emilie mit kummervollem Tone, sie wissen, daß wir ihn vergessen müssen!

Frau Kolemann ward also gerufen, welche von Mistris Easy mit einer Frage nach der Lady empfangen wurde, von welcher sie diesen Morgen mit einander gesprochen hätten.

Ach, erwiederte diese, sie meynen Mistris Languish! Nun wohl, was soll ich von ihr sagen? sie ist eine Dame von Herkunft, Stand, und Vermögen, auch schön war sie, da Herr Languish ihr die Hand gab, aber sie hat sich in diesen lezten drey oder vier Jahren in eine Schwächlichkeit hineingeträumt, die sie bey dem beſten Appetite, dem regelmäſigſten Schlafe, und allen Zeichen vollkommener Geſundheit wirklich zu einer Kranken macht. Die Aerzte, deren täglich zwey ihre feſtgeſetzten Beſuche bey ihr machen, behaupten, daß ihre ganze Krankheit nichts ſey als Vapeurs; übrigens iſt ſie, wenn ihr Stolz oder ihre Eigenliebe unangetaſtet bleibt, eine ganz gutartige Dame.

Gut, ſagte Miſtris Eaſy, aber auf was für Art ſoll Miß Reinolds in ihre Familie aufgenommen werden? und aus was für Perſonen beſteht dieſelbe?

Aus niemand als aus Herr und Frau, und einer zahlreichen Dienerſchaft. Ich habe die Ehre dieſer Dame lang bekannt zu ſeyn, ſie iſt immer gewohnt geweſen, ein Frauenzimmer von gutem Stande und feiner Erziehung um ſich zu haben, und da — ich muß es geſtehen — die Stelle einer Geſellſchafterin ziemlich oft in ihrem Hauſe offen ſteht, ſo hat ſie mich jezt, wie ſchon mehrmal in dieſem Falle, gebeten, ihr ein junges Frauenzimmer zuzuweiſen, die vor allen Dingen von ſanfter gefälliger Gemüthsart wäre, und mich dabey verſichert, daß, wenn ſich eine finden ſollte, welche ihr zu gefallen wüßte, ſie darauf denken würde, ihr ihre Lage auf alle Art vortheilhaft und angenehm zu machen.

Hat ſie Söhne, Neffen oder Brüder? fragte Miſtris Eaſy mit einem ſchalkhaften Lächeln auf Emilien.

Nein, Madam, versezte Frau Kolemann ihr einiges Kind starb, ehe es ein Jahr alt wurde, und sie hat, wie sie immer erzählt, so viel mit demselben ausgestanden, daß sie schwerlich die Mutter eines zweyten werden wird. Brüder? — ich weis einen einzigen, aber der ist verheyrathet, und kommt nicht leicht in das Haus seiner Schwester. — Es waren da allerley Geschichten. — Mein Gott, Madam, sollten sie sich denn nicht besinnen; die schöne Miß Wildham aus Goldensqvare! — Herr Languish war sterblich in sie verliebt, und mich dünkt, er ist es noch, ob sie gleich schon einige Jahre verheyrathet sind, und Mistris Languish sich in der That sehr verändert hat, wenn auch nicht im Aeußerlichen, denn schön ist sie immer noch, doch in Ansehung der Laune, welche freilich durch eingebildete Krankheit sehr herabgestimmt ist.

Miß Wildham? Mistris Languish? sagte Emilie zu sich selbst, indem sie bekannte Namen zu hören glaubte, ohne sich genau besinnen zu können; auch fand sie in Frau Kolemanns Beschreibung kenntliche Züge, die sie aber nicht sogleich an ihren Ort zu stellen wußte, das Nachsinnen bald aufgab, und auf wiederholte Frage von Mistris Easy sich erklärte, wie sie nicht ungeneigt sey, ihr Glück bey der grillenhaften Mistris Languish zu versuchen.

Zweytes Kapitel.

Das Krankenzimmer.

Frau Kolemann versicherte Emilien, daß sie die Dame nicht vor fünf Uhr des Nachmittags außer dem Bette finden würden, und um diese Zeit wars also, daß man sich auf den Weg machte, sie anzusprechen.

Emilie und ihre Führerin wurden, nachdem sie eine gute Stunde in einem prächtigen Sprachzimmer hatten warten müssen, gerufen, vor Mistris Languish zu erscheinen, welche sie auf ihrem Sopha in dem zierlichsten Deshabillee von der Welt empfing, und den Eingang des Gesprächs mit einer Entschuldigung machte, daß sie ihnen Schwachheit halber nicht entgegen kommen könnte.

Der schleppende klägliche Ton, in welchem diese Worte gesagt wurden, machte einen seltsamen Kontrast mit der gesunden Farbe und dem guten Ansehen der Redenden. Man sezte sich, und Frau Kolemann machte die kränkliche Dame mit der Ursach ihrer Erscheinung bekannt.

Ach, lispelte Mistris Languish, das ist also das junge Frauenzimmer, davon sie mir gesagt haben? Ich danke ihnen, liebe Kolemann. Ihr Ansehen gefällt mir! sie hat nicht so etwas starkes und robustes in ihrem Aeußerlichen, son-

dern mehr einen Anstrich von sanfter Schwäch=
lichkeit und zärtlichen Schmachten. Mein Gott!
ich kann es nicht ausstehen, so ein mächtig gros=
ses, erschrecklich gesundes Weibsbild um mich zu
haben, diese Leute sind so plump und ungeschickt,
sie haben Arten an sich, und Gerüche, mein
Gott! Gerüche! mir wird übel, wenn ich nur
daran denke. Aber so ein bleiches niedliches
Gesichtgen steht mir an, es wird meine Kran=
kenstube nicht verunstalten.

Emilie hatte in der That, seit sie in der
Stadt war, die blühende Landfarbe, die Lady
Karolinen so anstößig war, gänzlich verloren,
auch war sie durch mancherley Gram und Un=
ruhen hager und schmächtig genug geworden,
um die Augen der kranken Dame nicht zu be=
leidigen, welches ihr hier treflich zu statten kam.

Aber wo sind sie zulezt gewesen, Miß?
fragte Mistris Languish weiter, nachdem sie ei=
ne kurze Pause gemacht hatte, um Oden zu
schöpfen, und wer waren ihre Eltern? Ach mein
Gott! wie mich das Reden angreift, ich wer=
de nicht im Stande seyn, die nöthigen Fra=
gen zu thun. Klingeln sie doch einmal liebe
Kolemann, ich muß meine Tropfen nehmen.

Emilie erröthete bey Erwähnung ihrer El=
tern, aber ihre Antwort war fertig. Mistris
Easy, welche vermuthet hatte, daß eine nöthig
seyn würde, hatte sie für sie ausgesonnen, sie
vertrug sich mit der Wahrheit, und war befrie=
digend

bigend genug, um eine umständlichere Enthüllung von gewissen Dingen unnöthig zu machen. Madam, sagte Reinolds, meine Eltern habe ich sehr jung verloren, und gegenwärtig halte ich mich bey einer Dame auf, welche in Frau Kolemanns Hause wohnt, und mich, da sie aufs Land geht, nun nicht mehr nöthig hat.

Allerliebst! sagte Mistris Languish, das Mädgen antwortet so kurz und bestimmt, daß es eine Freude ist! nichts von dem weitläufigen unnützen Gewäsche, das einem die Ohren müde macht! aber Miß, fuhr die Dame fort, ich muß ihre Erwartungen kennen, ehe ich einen Vergleich zwischen uns zu stande bringen kann; sagen sie mir, besitzen sie einiges Vermögen?

Ich hatte tausend Pfund, Madam, aber mein Vormund, dem diese Summa anvertraut war, ist ohne mein Wissen nach Irrland gegangen. Er hat es nicht für gut gefunden, mir seine Addresse zurück zu lassen, ich weis also nicht, in welchem Theile des Königreiches er sich aufhält, und muß sehr befürchten, das mein Geld verloren ist.

Gut gut, Kind, ich sehe also wohl, daß Kleider und Taschengeld meine Sache seyn werden; aber ich kann mich nicht eher auf eine bestimmte Summa einlassen, bis ich sehe, ob sie sich für mich schicken. Sie haben die Oberaufsicht über die Haushälterin, über mein Mädgen, kurz über alles im Hause; ihr Amt wird seyn

— Aber mein Gott, das viele Reden macht einem den Kopf ganz wüste! Norton! komm, und gieb mir ein paar Löffel von der lezten Herzstärkung; meine Lebensgeister sind ganz hin!

Nach Verlauf einer guten Viertelstunde, in welcher das Geschäft des Arzneynehmens abgethan war, erfuhr Emilie so viel, daß sie die Stelle der Gebieterin des Hauses zu der Zeit vertreten sollte, wenn diese von Krankheit in ihrem Zimmer gehalten würde, Thee und Kaffee machen, die Spiele rangiren, und der Unterhaltung ein wenig nachhelfen solle, daß sie bey der Mahlzeit den Sitz an dem obern Ende der Tafel einnehmen, und kurz Sorge für das ganze Hauswesen tragen, und Hausfrau vorstellen müsse; Geschäfte, zu deren treuen Verwaltung sich Emilie garn verpflichtete, und die Dame versicherte, daß sie alles versuchen würde, ihr nutzbar und gefällig zu seyn.

Nun gut, sagte die Kranke mit einem schwächlichen Lächeln, so können sie denn kommen, wenn sie wollen; doch wird es mir lieb seyn, wenn es bald geschieht; denn ich wollte gern bald in Ordnung kommen. Ruhe, meine liebe Miß, Ruhe ist mir nöthig, und es ist bald ein Monat, daß ich keine schickliche Person um mich gehabt habe. Wie lange ists Norton, daß Miß Galopp abging? Mein Gott! was das für ein Geschöpf war! nun Frau Koleinann sie haben sie gesehen! gewiß, sie konnte nie zuvor bey einer Dame von Stande gewesen seyn?

War sie so ungesitttet? fragte Frau Kolekmann, sie schien mir doch ein ganz artiges aufgewecktes junges Frauenzimmer zu seyn!

Frauenzimmer? — Nun wahrhaftig, die hatte wohl nichts frauenzimmerliches um und an sich. Ich weis nicht, wie sie in die Welt gekommen ist, aber so viel ist gewiß, daß ihre Eltern das gröbste gemeinste Volk müssen gewesen seyn, das sich denken läßt. — Und ihr artiges aufgewecktes Wesen, wie sie es nennen? ja davon kann ich sagen, es hat mich mehr als einmal bis zur Ohnmacht gebracht. In meinem Leben sahe ich kein Mädgen mit so einem ewigen Lachen, Grinzen möchte ichs wol nennen, auf dem Gesichte. Schon ihr Blick war ein Geräusch. Sie war nicht im Stande, eine halbe Minute still zu sitzen, und daß man in einem Krankenzimmer leise auftreten müsse, davon hatte sie gar keinen Begriff. Im Gegentheil, wenn sie nur vom Stuhl aufstand, so wars mit einem Sprunge, als wenn eine Rakete losgeht. — Alle Minuten ein neues Schrecken mit ihr, Frau Kolemann, ich versichere! Im Hause rennte sie mit so einer wüthenden Eile umher, daß ich alle Tage die Post erwartete, sie habe denn Hals gebrochen. — Mein Gott, das Mädgen nimmt gewiß kein gutes Ende! Wenn sie sich über etwas freute (und das geschah alle Augenblicke, denn ein Strohhalm konnte

sie in Entzücken setzen, so ungeheuer viel Le=
bensgeister hatte sie), wenn sie sich freute,
sage ich, nun da hatte sie ein Wesen, da ging
es Treppe auf Treppe nieder, da trabte, da
rennte, da sprang sie, daß ich dachte, das Haus
würde mit ihr einfallen.

Eines Tages, es ist mir auch noch als
wenns heut geschähe, strengte sie ihre Fußsoh=
len dermaßen an, daß ich wirklich glaubte,
es sey ein Erdbeben, und drey Tage lang dar=
über das Bette hüten mußte. Und denn
ihre Stimme! Man glaubte, es donnerte,
wenn sie redete! von jenem sanften Flüstern,
das sich so wohl für Leute schickt, welche um
Kranke sind, wußte sie gar nichts, alles, was
sie sagen wollte, und sollte es ein Ausruf der
Liebe oder des Mitleids seyn, das brüllte sie
in einem so rauhen Tone heraus, daß ich oft
meinte, sie bediene sich eines Sprachrohrs. Ge=
wiß das Geschöpf wird noch einmal taub wer=
den, taub durch ihre eigene Stimme, mich hat
sie bereits mehr als taub geschrien. Ach was
hat mich das Mädgen in Medizin gekostet;
ich könnte ganze Apothekerrechnungen vorzeigen,
blos von dem, was ich nehmen mußte, mich
von den miserablen Umständen zu erholen, in
welche mich ihr unbesonnenes Hin= und Herfah=
ren gestürzt hat. Und dann, wenn ihr ein La=
chen ankam! Frau Kolemann, ein Lachen von
Miß Galopp ist etwas erschreckliches, und sie
lachte sehr oft und viel. — Die Kanarienvögel
schrien, dann die Hunde bellten, die Leute vor

dem Hause blieben stehen, — ich fiel in Ohnmacht. — Ach ich kann nicht länger mit ihnen reden, Frau Kolemann, es greift mich so an. Wenn ihre gute Freundin bey mir eingewohnt ist, so kommen sie wieder, sie soll ihnen eine Tasse Thee machen.

Und wenn befehlen sie, Madam, daß ich ihnen aufwarte, fragte Emilie.

Morgen, Kind! morgen um diese Zeit! ja, ja, nicht eher! Aber wenn das Wetter im mindesten feucht ist, so nehmen sie eine Chaise. Keinen Wagen, Kind! Ich kann nichts leiden, was nach Miethkutsche riecht. Und sollte es regnen, oder wär nur der geringste Duft, und sie wären in demselben gegangen, so würde ich es gleich an ihren Kleidern riechen, und den Schnupfen bekommen, wenn sie mir zu nahe kämen.

Emilie versprach zu gehorchen, und kehrte mit Frau Kolemann zu Mistris Easy zurück, die sie durch ihre Erzählungen von dem abgelegten Besuch nicht wenig ergözte.

Sie ist ein vollkommenes Original, sagte sie. Was sie thun werden, weis ich nicht, aber sollte ich bey ihr leben, so würde ich gewiß eben so oft ihr Misfallen auf mich ziehen, als die muntere Miß Galopp, denn mir würde alle Augenblicke ein unmäßiges Lachen ankommen. Wahrhaftig, sie ist der am stärksten gezeichnete

Charakter, der mir seit langer Zeit bey meinen Bemerkungen aufgestoßen ist.

Emilie meinte, sie wolle sich so gut in die Sache schicken, als sie könne, bis sich eine bessere Stelle für sie zeige, und Mistris Easy, welche ihre vernunftige Entschließung lobte, versprach ihr augenblickliche Nachricht, so bald sie eine angenehmere Kondition für sie ausfindig machte.

Des folgenden Abends trennte sich Miß Reinolds von ihrer Freundin, und trat in ihren feinsten wohl ausgelüfteten Kleidern den Weg nach Grosvenorsquare in einer zugemachten Sänfte an, ob gleich das Wetter schön war, und die Sonne gar hell und lieblich schien.

Da sie in das Kabinet der Kranken kam, welche sich heute wohl genug befand, um außer dem Bette zu seyn, war die erste Frage, welche an sie gethan ward, um ihren Namen, welcher das Glück hatte, der Dame besser zu gefallen, als weyland Mylady Wilmoren.

Emilie! Emilie! wiederholte Mistris Languish, ein artiger sanfttönender Name, ganz aus weichen milden Buchstaben zusammengesezt, man kann ihn aussprechen, ohne die Zähne zu verletzen. Kommen sie doch näher, Miß, fuhr sie fort, und lassen sie mich ihre Kleider anriechen! — Nun ich finde, sie haben Sorge für meine Gesundheit getragen! Hier fehlt nichts, als noch ein wenig Lavendelwasser, den Geruch

lieblich zu machen; sie sollen hernach eine Fla=
sche haben, welche nie, das merken sie sich, bey
ihnen ausgehen darf. Wo haben sie ihre Sa=
chen? lassen sie alles, alles aus ihrer bisherigen
Wohnung herschaffen; sie werden ihr eigenes
Zimmer haben, welches sehr sauber gehalten wer=
den muß, denn auch dieses hat Einfluß auf
mich.

Emilie, welche noch nicht Zeit gefunden
hatte, ein Wort vorzubringen, hatte hier erst
Gelegenheit, ihre Hofnung anzudeuten, daß die
Dame sich heute besser als gestern befinde.

Besser? erwiederte die Kranke, Himmel!
Kind! ich bin heute wo möglich noch schwächer,
und sehe erschrecklich aus. Norton weis es.
Ich habe mir eben jetzt einmal den Spiegel ge=
ben lassen, und entsezte mich so vor mir selbst,
daß ich ihn fallen ließ. Zum Glück zerbrach er
nicht, denn wäre dieß geschehen so würde ich
gewiß vor Schrecken des Todes gewesen seyn.
Norton! sieh doch in das Arzneybuch, was
wir für Medicin auf die Nacht zu nehmen ha=
ben, und denn bestelle den Thee, Miß Reinolds
wird ihn im Nebenzimmer machen.

Norton kam aus dem Kloset mit der Nach=
richt zurück, wie noch vier Gattungen von den
Tränken, welche aller vier Stunden genommen
würden, ein Bolus und ein Julep nebst einem
Gläsgen Tropfen vorhanden wäre.

Das ist ja gar nichts! schrie die Dame, der Doktor vernachläßigt mich erschrecklich, er weis nicht, wie schlimm ich diesen Nachmittag bin. Es muß gleich in die Apotheke nach mehrern geschickt werden. Auch kannst du Herrn Languish fragen lassen, ob er diesen Nachmittag den Thee zu Hause trinken wird. O Miß Reinolds, meine Krankheit ermattet mich unglaublich! Bedauern sie mich nicht? — Ich hoffe, sie sind von einer sanften mitleidigen Gemüthsart, und nicht wie Miß Galopp, die, anstatt mich zu beklagen, im Stande war, mir ins Gesicht zu lachen, und mich zu versichern, ich sey so gesund wie sie. O sie war das hartherzigste Geschöpf von der Welt!

Emilie hatte während dieser Rede ihre Betrachtungen über Mistris Languishs Person gehabt, welche in der That reizend war. Sie war von mittlerer Größe, und außerordentlich wohl gebaut; ihre Farbe war schön, ihre Augen von einem Ausdruck, der ihrer vergeblichen Schwächlichkeit widersprach, und ihren niedlichen Mund hätte man fast größer wünschen mögen, weil er zu wenig von ihren unvergleichlichen Zähnen sehen ließ. Ihre Kleidung schickte sich vortreflich zu der Zierlichkeit ihrer Person. Ein langes weites Kleid von feinem Nesseltuch in einer Welt von Falten, auf dem Boden um ihren niedrigen Sitz her ein paar weiße atlaßne Pantoffeln mit silberner Franse verhüllten den kleinen Fuß, ein Leibgen von ähnlichem Zeuge schloß sich knapp genug an ihre Taille, um einen

schmächtigen Wuchs und eine schöne Brust zu
zeigen, die ganz leicht durch ein dünnes mit
Spitzen beseztes Halstuch bedeckt ward. Ihr
schönes Gesicht war in eine große Haube gehüllt,
welche den verschwenderischen Wuchs dicker licht-
brauner Locken, die auf die abfallenden Schultern zierlich herabschwammen, nicht versteckte,
sondern nur vortheilhafter zeigte. Und diese
Locken stachen so herrlich gegen die feine Gesichtsfarbe ab, und der dünne Flor der von der Koef-
füre herabfiel, und an der schönen Brust mit einer großen weißen Bandschleife befestiget war,
gab dem Ganzen ein so hinreißendes Ansehen,
daß Emilie, die sehr bescheiden von ihren eigenen Reizen dachte, bereit gewesen seyn würde,
Mistris Languish für das schönste Frauenzimmer
zu halten, das sie je gesehen hätte, wär nur ihr
Innerliches so ohne Flecken gewesen als die angenehme Aussenseite.

Man machte Anstalten zu dem großen Geschäft des Theetrinkens, und Herr Languish beehrte seine Gamahlin bey demselben mit seiner
Gegenwart. Ein langer starker Mann von
fünf und dreißig Jahren, mit einer frischen Gesichtsfarbe und einem sehr einnehmenden Anstand.
Er war ein großer Bewunderer von den Reizen
seiner Gattin gewesen, aber — sie war nunmehr seine Frau, und da sie jede kleine Uebel-
keit, die ihr zustieß, bemerkte, und sich immer
für krank hielt, so lebte er jezt in einer gänzlichen Entfernung von ihr, und ließ sich oft ver-
leiten, das Vergnügen, das er in seinem Hause

vermißte, außer demselben zu suchen. Sie hatten beyde den äußerlichen Schein der längst entflohenen Liebe standhaft beybehalten, aber da sie beyde viel Vermögen besaßen, so suchte jedes in der Stille sein Vergnügen auf seine eigene Art.

Herrn Languishs zärtliche Frage nach dem Befinden seiner Gemahlin ward so beantwortet, wie man denken kann. Die Kranke war noch sehr schwach, sehr übel, und hoffte Erleichterung von den zuletzt genommenen Tropfen und der Gesellschaft Emiliens.

Dieses zog dem Mädgen ein verbindliches Kopliment von dem Manne nebst der Bemerkung zu, daß schon der erste Anblick von ihr die größten Hofnungen von ihrem Einfluß auf das Wohl der Kranken nähren müsse.

Emiliens Art, dieses Kompliment zu erwiedern, die vollkommene Zierlichkeit ihrer Person, und die Melodie ihrer Stimme machten auf die Kranke einen angenehmen Eindruck, und sie fragte ihren Gemahl, als das junge Mädgen jezt beschäftigt war, am andern Ende des Zimmers etwas Medien zuzubereiten, was er von ihr hielt, und ob sie nicht ein ganz anderes Geschöpf sey, als jenes große plumpe Ungeheuer, die Galopp. Mein Gott! rief er, ist hier nur eine Vergleichung möglich? Galopp war ein dickes unbehülfliches Mensch; und hier ist nichts als Anmuth, Reiz und Zierlichkeit, Zierlichkeit, die das Gewöhnliche weit hinter sich zurückläßt.

Sehen sie, mit was für Grazie sie daher kommt, ihnen ihre Tropfen zu geben! zum erstenmal in meinem Leben möchte ich Lust bekommen, ihre Gallentränke mit ihnen zu theilen, da sie ihnen solch ein Engel bringt.

Fast war die Art des Herrn Languish, Emilien zu preisen, zu enthusiastisch seine Gattin nahm keine Notiz davon, aber Emilie hatte einige Worte davon gehört, und suchte die Verwirrung, in welche sie dadurch gesezt ward, durch die Frage zu verdecken, ob nicht etwas Konfekt vorhanden sey, den bittern Geschmack zu versüßen.

Das ist ein guter Gedanke, Kind, erwiederte die Kranke. Galopp fragte mich so nicht, sie fraß mir meine Bonbons und Drageen lieber selbst weg; denn sie müssen wissen, ein Bisgen eingemachte Zitrone, Zuckerpflaumen und dergleichen genießbare Dinge habe ich immer vorräthig, nur kann ich nicht sagen, wo Norton sie hingethan hat. Klingeln sie doch einmal, liebes Mädgen!

Mit Hülfe der Zuckerpflaumen, Citrone und Eringowurzel wurde denn die Arzeney also hinuntergebracht, darauf bereitete man den Thee, wobey Herrn Languishs Augen sehr geschäftig waren, die Dame aber auf andere Art sich beschäftigte, denn ungeachtet ihrer Kränklichkeit trank sie eine Tasse nach der andern, und verzehrte ein halb Duzend Biskuits.

Nachdem Herr Languish sich hinlänglich an Emiliens zierlicher Geschäftigkeit beym Theetische geweidet hatte, empfahl er sich, und hofte beym Abschied, ihre Gesellschaft beym Abendessen zu haben, welches mit einer Verbeugung beantwortet wurde.

Kaum hatte er sich entfernt, so kündigte ein gewaltiges Geräusch am Thorwege Besuch vom Stande an, und ehe die über den Lärm heftig erschreckene Dame Befehl sie zu verleugnen hinunter schicken konnte, stürzten Lady Betty Racket und Miß Wrigle ins Zimmer.

O meine traute Languish, schrie Mylady, wie froh bin ich, sie wieder ausser dem Bette zu sehen! Nun hoffe ich beynahe, sie einst wieder in unserm Zirkel zu erblicken, wahrhaftig, ich hatte sie schon ganz aufgegeben!

O Lady Betty! sagte die Kranke mit schleppenden Tone, ich bin außerordentlich schlecht, wahrhaftig, sie irren sich sehr, wenn sie mich für besser halten. Eben werde ich in Ohnmacht fallen, und habe, — ach ich habe unglücklicher Weise mein Fläschgen mit Eau de Luce verloren.

Auf meine Ehre, rief Miß Wrigle, ich hätte geglaubt sie vollkommen wohl zu finden, denn auf der Treppe kam uns ja Herr Languish sehr munter und fröhlich entgegen.

Herr Languish, erwiederte sie, ist sehr glücklich, daß er einen so mächtig großen Vorraht von Gesundheit besizt, auch wäre es ein Unglück, wenn wir beyde krank wären. Miß Reinolds! ein paar Stärktropfen, mir ist sehr übel!

Um Gottes willen, schrie die geräuschvolle Lady Betty, was fehlt ihnen denn aber? ich schwöre, sie sehen auch nicht ein Bisgen krank aus.

Um Verzeihung, Mylady, fiel Miß Wrigle ein. Mistris Languish sieht wirklich erschrecklich aus, sie hat sich sehr geändert.

Habe ichs nicht gesagt, sprach die Kranke, sehr, sehr habe ich mich geändert, ich bin ein ganz andres Geschöpf geändert, auf diese Art kanns nicht mehr lange mit mir werden! Doktor Hartshorn weis nicht mehr, was er mir geben soll.

Nun so nehmen sie einen andern; ich werde ihnen Nostrum schicken, der hat schon Wunderkuren gethan.

Nostrum? nein, mit dem wird Doktor Hartshorn nicht turiren wollen, weil er nicht mit zum Kollegio gehört, und wenn Doktor Hartshorn mich verläßt, so bin ich eine unglückliche Frau!

Nun wahrhaftig, wenn ich einmal sterben müßte, so wär mirs einerley wer mich zum Grabe förderte. Nehmen sie Doktor Nostrum, sage ich ihnen, er ist ja nicht etwa ein Quacksalber, nur daß ihn die andern Doktoren, weil er seine gekrönte Wunder und Universalmedizin erfunden hat, beneiden, und nicht in ihre Gilde aufnehmen wollen.

Pfui doch, Lady Betty! nennen sie mir Nostrum nicht, der kurrirt ja ganz und gar nach einer eigenen Weise, die nicht gewöhnlich ist, und sie wissen, ich liebe Ordnung in allen Dingen.

Also wollen sie lieber nach den Regeln sterben, als wieder dieselben gesund werden? Nun wahrhaftig, da bin ich nicht ihrer Meinung! Ich kann mich von keinem Arzte bloß darum tödten lassen, weil er ein Arzt nach allen Rechten ist. Leben sie wohl, liebe Languish; ich wünsche aufrichtig, sie wieder hergestellt zu sehen, aber in der That, sie haben seltsame Grillen in ihrem Kopfe, und krank sind sie im Grunde ganz und gar nicht!

Auch ich, Madam, sagte Miß Wrigle im Abschiednehmen, wünsche ihre Besserung, aber ich weis nicht! — wenigstens bleich sehen sie wie der Tod, und sie thäten gewiß am besten, sie gingen zu Bette!

Die kräftigen Trösterinen der armen Kranken, davon die eine sie auf die, die andere

auf jene Art, an der empfindlichsten Seite an=
grif, stürmten hierauf, so geschwind sie konnten
zur Thür hinaus, und verließen sie in einem
trostlosen Zustande. Emilie hielt ihr Riechfläsch=
gen bereit, und schickte Frau Norton sogleich
nach einem Stärktrank, die arme Dame wieder zu beleben, die sich nur zu Klagen über ihre
grausamen Freundinnen erholte.

Warum mußte mein Befehl sie nicht her=
auf zu lassen, zu spät kommen! weinte sie. Sie
sehen, wie sie mit mir umgehen; die eine hält
mich für eine eingebildete Träumerin und die
andere für eine lebendige Leiche.

Emilie nahm aus den wiedersprechenden
Reden der beyden Frauenzimmer einen Trost,
welcher die Kranke mächtig aufrichtete.

Ach sie geben mir das Leben wieder, seuf-
zete sie, und dieser Löffel Kordial! O sie verste=
hen vortreflich meine Bedürfnisse! Sind sie schon
mehr bey Kranken gewesen, Emilie? Emilie!
wie artig das klingt! mich dünkt, ich werde sie
allemal so nennen, wenn wir allein sind. Die
Galopp hieß Barbara! was für ein abscheu=li=
cher schnarrender Name! ich glaube wohl, daß
Eltern ihre Kinder durch die Namen verwahr=
losen können! Aber, Kind, es wird Zeit, daß
sie ihr Zimmer sehen. Norton, führe sie hin=
auf! Zeige ihr das ganze Haus und alle mei=
ne schönen Gemächer; doch laß Frau Kamsit

herauf kommen, denn ich kann keinen Augenblick allein bleiben.

Emilie sah eine Menge prächtig möblirter Zimmer, und endlich auch ihre eigene Wohnung, die aus einer artigen Schlafkamer, einem geräumigen Ankleidzimmer und einem kleinen Kloset bestand, welches ihr freilich besser gefiel, als die Bodenkammer bey Meister Metal, dem Kupferschmidt. Mistris Languish nahm ihre Danksagung für so viel Bequemlichkeiten geneigt auf, bestimmte eine von den Mädgen zu ihrer Aufwartung, und fing denn von neuen an zu klagen. Ach ich wußte es wohl, rief sie, daß mir die unruhigen Modedamen würden Schaden thun! Alle die gesunden Leute sind so lärmend, so geräuschvoll! Und denn der Rath, den sie einem geben! Doktor Nostrum der Quacksalber! Mein Himmel, ich wär des Todes, wenn er mich nur anrührte. Miß Wrigle hatte wohl recht, daß ich schlimm aussehe; doch was das übrige anbelangt, das machte sie zu arg. Sterben? wer wird gleich sterben! Und dann, hätte sie denn nicht wenigstens still sitzen können, da sie das sagte? Mir schwindelt der Kopf, wenn ich Leute so in beständiger Bewegung sehe, und da sie so auf ihrem Stuhle hin und her fuhr mit ihren großen winkenden Federbüschen, da fiel mir das Schwanken des Todenwagens, und der nickende Kopfschmuck der Trauerpferde ein. Denken sie, Emilie, ob einen so etwas nicht ohnmächtig machen könnte!—

Ach Norton, meinen Bolus! vielleicht wird mir beſſer!

Schon jezt, Madam, wollen wir nicht lieber ans Abendeſſen denken?

Ach! was habt ihr denn? es iſt ja bekannt daß ich nichts, gar nichts eſſe, doch laß nun hören, was iſt denn im Hauſe?

Je nun, Madam, eine Taſſe gute Hünerbrühe, oder ein Bisgen weiße Weinſuppe, oder etwas Sago!

Nichts! nichts! hinweg mit dem ekeln Zeuge, eſſe ich einmal, ſo muß es etwas nährendes ſeyn, da ich in wenig Biſſen die Kraft einer ganzen Mahlzeit hinunterbringe.

Oder eine gebratene wilde Ente, oder ein paar junge Hüner, oder ein Eyermüsgen.

Ach an jungen Hünern hab ich mich halb krank gegeſſen! aber das Eyermus! — und die Ente! — ja wenn ſie eingehackt würde! doch müßte ſie der Koch mit einer ſtark gewürzten und etwas fetten Sauce machen; jezt bin ich zu müde, mehr zu beſtellen, ich muß mich legen. Kommen ſie, Emilie, und leſen mir ein paar Seiten aus Rouſſeaus Julie! die Stelle von ihrem zierlichen und geſchmackvollen Tode, denn Miß Wrigle hat mich ganz mit Sterbensgedanken erfüllt, und ich glaube, es iſt gut ſich auf ſein Ende zubereiten.

Emilie nahm das Buch, die Kranke legte sich, und rief der Frau Norton, welche hinweg ging, die Küche zu bestellen, nach, daß beym Abendessen die Torten ja nicht vergessen werden sollten..

Mistris Languish konnte über die Julie nicht einschlafen, und Emilie mußte ein Buch von einem der Herren der medizinischen Fakultät zum Gebrauch Wiedergenesender geschrieben ergreifen, welches in wenig Minuten seine Dienste that.

Drittes Kapittel.
Die alternde Jungfer.

Während Mistris Languish in einem tiefen und sehr gesunden Schlafe lag, blieb Emilie ihren eigenen Betrachtungen überlassen, welche in der That nicht die angenehmsten waren. Zwar schien sie in ein Haus gekommen zu seyn, wo sie vorausgesezt, daß sie das Glück hätte, der Gebieterin zu gefallen, indem sie ihren närrischen Launen schmeichelte, alles genießen konnte, was man nur zum Wohl und Behaglich seyn rechnen mag; aber welch ein Looß für eine Person von Emiliens Verstand und feiner Empfindung, den größten Theil ihrer Zeit bey der thörigsten grillenhaften Frau zuzubringen, und in ihrer Gegenwart beständig so reden und handeln zu müssen, wie es sich nicht allzu wohl mit der gesunden Vernunft vertrug! Doch ihre Lage war einmal so, daß sie nicht wählen konnte, und sie mußte sich entschließen, ihre schwere Rolle geduldig auszuspielen.

Mistris Languish schlief bis des Abends gegen zehn Uhr, und Emilie lernte in dieser Zeit alle Pein der langen Weile kennen. Unter den vorhandenen Büchern waren wenig, die ihr neu waren, oder sie auf angenehme Art hätten unterhalten können, und Handarbeiten waren in dem Zimmer der kranken Dame verboten; die eine, weil sie Geräusch machte, die andere, weil sie Staub erregte, die dritte, weil sie helles Licht erfoderte, und alle, weil sie die Aufmerksamkeit der Anwesenden von dem Hauptgegenstand, von der theuren Person der Patientin, auf einige Augenblicke hätten ablenken können.

Sehr erwünscht erschien um zehn Uhr Herr Languish, und machte dem ewigen Einerley und der horchenden Stille ein Ende. Er kam diesmal wol mehr darum, den Anblick des schönen Mädgens noch einmal zu genießen, als die langweiligen Tiraden seiner Frau anzuhören, die mit ihrem Erwachen wieder ihren Anfang nahmen, und die sich doch zulezt sehr erfreulich mit Emiliens Entlassung zum Abendessen endigten.

Emilie ward von Herrn Languish an das obere Ende der Tafel geführt, und während der

Mahlzeit von seinen eigenen Händen mit den gewürzteſten Speiſen und feurigſten Weinen bedient; aber ſie aß zu ſeinen Erſtaunen nichts als den Flügel von einem Huhn, trank ein Glas gewäſſerten Wein, und eilte zu ihrer Dame zurück, welche ſich die farcirte wilde Ente, den Eyer=Pudding und die Torten herrlich hatte ſchmecken laſſen, und jezt eben bey einem kleinen ſüßen und ſehr fetten Gebäck war, das für ſie allein hatte zubereitet werden müßen, und eben ganz heiß vom Feuer kam, dazu wurde Cyperwein und Madera getrunken, und ein Glas Tokeyer zu Stärkung des ſchwachen Magens machte den Beſchluß, indeſſen die mäßige Emilie dabey ſtand und ſich wunderte.

Herr Languiſh war dieſen Abend ſo ungewöhnlich beſorgt für das Wohl ſeiner kranken Gattin, daß er ihr noch ein Stündgen nach dem Abendeſſen aufopferte, welches in ſehr lebhaften Geſprächen zwiſchen ihm, ihr und Emilien verfloß.

Es ſchlug zwölf, Miſtris Languiſh nahm ihren Bolus. Die Wächterin ward gerufen Herr Languiſh empfahl ſich, und lud Emilien noch zu einem Geſpräch im Spielzimmer ein; aber dieſe ſchüzte Müdigkeit vor, und ging zu Bette. Emilie hatte beym Auskleiden ihre Gedanken über das, was ſie an dieſem Tage gehört und geſehen hatte. Sie beklagte die Schwachheiten einer im Grunde liebenswürdigen Frau, die, wenn ſie gewollt hätte, eine ſo

glückliche Gattin ihres nicht unangenehmen Man=
nes hätte seyn können. Vergleichungen ihrer
eigenen Lage mit dem Loose einer Frau, die blos
durch Laune unglücklich ward, folgten hierauf
und dicht an dieselben kettete sich der Gedanken
an Sir Georgen, der sie endlich in einen süßen
Schlaf wiegte.

Sie stand des andern Morgen zu ihrer
gewöhnlichen Zeit, aber viel früher auf als ir=
gend jemand im ganzen Hause Diese Stunden
waren ihr unbestrittenes Eigenthum, niemand
störte sie bis um eilf Uhr, da sie zum Frühstück
gerufen ward.

Dieser Tag war eine Wiederholung des
vorhergehenden, so wie auch viele seiner Nach=
folger. An neuen Endeckungen fehlte es ihr
nicht, Herrn Languishs günstiges Vorurtheil
für ihre Reize ward zu ihrem größten Verdruß
immer sichtbarer, und ließ sie baldigen Abschied
aus diesem Hause ahnden. Seine Frau war
blind gegen das, was jedem andern in die Au=
gen fallen mußte, und Emilie mußte nach gera=
de zu glauben anfangen, daß diese Blindheit
nebst so manchen Zügen von Koketterie an der
Kranken nebst einigen andern schwer zu erklären=
den Symptomen einerley Ursprung hätten. Mi=
stris Languish schloß vielleicht die Angen vor
manchen Dingen, weil Herr Languish an seiner
Seite auch nicht ungefällig war. Der eine von
den Aerzten der schwächlichen Dame ward der
schönste Mann, der sich denken läßt, und ihr

fleißiger Besucher; auch gingen andere junge Herrn aus und ein, welche muthmaßen ließen, daß das elegante Krankennegligee nicht ganz umsonst, nicht ganz ohne Rüksicht auf Bewunderung angelegt wurde, und weiter gingen, wie Emilie nach der christlichen Liebe hoffte, die Ansprüche der schönen Frau nicht.

Noch eine andere Entdeckung bestand darin, daß die zärtliche empfindsame Dame nicht allemal den Geist der Sanftmuth habe, der sich bey ihrem schwachen Nervensystem, von welchem immer die Rede war, erwarten ließ. Emilie wohnte Auftritten bey, wo sich die zarte Schöne ziemlich in Furiengestalt zeigte, und ihre junge Gesellschafterin auf die wiederholte Muthmassung brachte, daß sie in einen bekannten Hause sey.

Mistris Languish? sagte Emilie zu sich selbst; die Schwägerin meiner unglücklichen Reisegefährtin hieß Languish, das Gemählde, das sie mir von dem Charakter dieser Frau machte, trift Zug vor Zug zu, und ich habe velleicht nur einige Fragen zu thun, um auf den Grund der Wahrheit zu kommen.

Frau Norton, sprach Emilie am Abend belehren sie mich doch ein wenig über die Familie, unter deren Schutz ich lebe: hat Mistris Languish weder Eltern noch Geschwister?

Einen Bruder, Miß, von dem wir nicht wissen, ob er lebt oder tod ist.

Vermählt oder ledig?

Keins! — Beydes! — Er ging nach Oſtindien, um dort ein Glück zu ſuchen, welches ihm hier durch Feinde, die ſich ſeine Anverwandten nannten, geraubt wurde; doch von ſolchen Dingen zimt niemanden zu reden.

Emilie, welche fühlte, daß ſie bereits zu zudringlich geweſen war, getraute ſich nicht, um Aufklärung ſo räthſelhafter Worte zu bitten, aber bald zeigte ſich ein Umſtand, der ſie völlig überführte, ſie befinde ſich unter den Angehörigen der jungen unglücklichen Frau, für welche ſie ſich auf der Reiſe nach London ſo ſehr intereſſirt hatte, und der großmüthige hofnungsloſe Wunſch etwas zum Beſten der Verlaſſenen thun zu können, erwachte von neuem in ihrem Herzen.

Ein Brief benachrichtigte Miſtris Languiſh, wie ihre Schweſter in wenig Wochen erſcheinen würde, ihren gewöhnlichen Winterbeſuch in der Stadt zu machen, und Emilie brauchte den Namen der Schreiberin nur zu hören, brauchte ſie in der Folge nur zu ſehen, um die Miß Magot in ihr zu erkennen von welcher ihr jene unglückliche Frau ein kleines Gemählde gemacht hatte.

Miß Magot war funfzehn Jahr älter als Miſtris Languiſh, und in jeder Betrachtung das Gegentheil von ihr. Ein kleines unanſehnliches Geſchöpf, ſehr ſchwarzbraun, und von den

Blattern jämmerlich zugerichtet. Ihre Nase war von einer wundernswürdigen Länge, und das eine ihrer Augen war so unabläßig auf die Spitze derselben gerichtet, daß man hätte schwören sollen, sie schiele auf eine entsetzliche Art. Was ihre innerlichen Eigenschaften anbelangt, so war sie nicht bösartig, eine Freundin des Vergnügens, und von einer unüberwindlichen guten Laune, welche sich größtentheils von einer gänzlichen Verblendung in Ansehung ihrer persönlichen Unvollkommenheiten herschrieb. Sie war völlig überzeugt, daß sie, wo nicht schön, doch nicht ohne Reize, und besonders mit jenen charmes plus belles que la beauté begabt sey, davon ihre Liebling, die Franzosen, so viel zu sagen wissen. Sie redete die Sprache dieses Landes, in welchem sie einige ihrer schönsten Jahre zugebracht hatte, mit der höchsten Vollkommenheit, und hatte ganz den leichten Ton französischer Frauen, nach der Welt, der bey den Brittinnen weder beliebt noch gewöhnlich ist. Sie glaubte, jedes männliche Geschöpf sey von ihren Reizen gefesselt, und sie belustigte sich mit diesen in der Einbildung eroberten Herzen so inniglich, spielte so muthwillig mit ihnen, als je die reizendste Kokette gethan hat.

Diese Laune und der Mangel eines einigen ernsthaften Antragen hatte sie zur alten Jungfer gemacht, ohne daß sie es gewahr geworden war. Die Achtung, mit welcher ihr ihres Standes und Vermögens wegen überall begegnet wurde, machte, daß sie noch immer nicht glauben wollte, daß die Zeit der Eroberungen für sie vorüber sey. Muntere Kleidung und jugendliches Betragen macht eine fünf und vierzig jährige Dame wenigstens um zwanzig Jahre jünger.

Emilie errinnerte sich wohl, Züge von alle dem, was sie nun selbst sah, aus dem Munde ihrer Londoner Reisegefährtin erhalten zu haben, auch besan sie sich aus dieser Erzählung daß das jungfräuliche Herz der reizenden Miß Magot einst beynahe durch den Mann erobert worden sey, der nur der Gemahl ihrer Schwester war; um so viel mehr wunderte sie sich, daß sie gute Laune genug besaß, mit denen auf einem freundschaftlichen Fuß zu leben, welche Ursach an einer Täuschung gewesen waren, die ein Mädgen in ihren Jahren schwerlich verwinden kann.

Mistris Languish und ihr Gemahl, welche ihren Vortheil kannten, und den Schwächen ihrer Schwester auf alle Art schmeichelten, empfingen sie mit Entzücken. Die Kranke zwang sich so gar zuweilen einige Stunden lang ihre Schwächlichkeit auf die Seite zu setzen, weil sie wußte, daß Miß Magot Ziererepen von dieser Art ungern duldete.

Miß Magot mochte für das männliche Geschlecht ein noch so widriger Gegenstand seyn.

so war sie doch wenigstens für die Hälfte ihres eigenen eine sehr leidbare Person, und auch Emilie freute sich herzlich über ihre Erscheinung, sollte es auch nur darum gewesen seyn, weil sie hoffte, ihre Gegenwart würde eine kleine Diversion in den langweiligen Scenen des Krankenzimmers machen, und vor allen Dingen Herrn Languish, dessen zärtliche Freundschaft, mit welcher er ehemals auch Miß Williams beehrt hatte, ihr sehr lästig zu werden begunnte, die Gelegenheit benehmen, oft mit ihr allein zu seyn.

Miß Magot viel zu eingenommen von ihren eigenen Vollkommenheiten, als daß sie persönliche Reize an einem andern Mädgen hätte sehen oder beneiden sollen, fand ebenfalls viel Geschmack an der jungen Emilie, die auf alle Art ihr zu gefallen strebte, theils aus einem natürlichen Hang, sich jederman verbindlich zu machen, theils weil sie Miß Magot wirklich in den meisten Stücken vernünftiger fand, als die andern Personen, in deren Gesellschaft sie jezt leben mußte.

Miß Magot liebte es sehr, sich öffentlich zu zeigen, und versäumte nicht leicht eine von den herschenden Modelustbarkeiten, dieses ward für Emilien das Mittel, manche anständige Vergnügungen zu genießen, denn Miß Magot ist immer um ihre Gesellschaft, und Mißris Languish wollte und durfte nichts abschlagen, was ihre Schwester forderte.

———

Viertes Kapitel.
Besuch bey Mistris Easy.

Emilie! sagte Mistris Easy, als das junge Mädgen eines Tages bey ihr einsprach ich wundere mich über sie, gewiß, sie sind ein außerordentliches Geschöpf.

Und warum, Madam?

Sie sehen mich so oft, und nie eine Frage nach Sir Georg und nach Fairlymanor!

Diese Dinge sollten nach gerade anfangen, mir fremde zu werden! — Wenn ich wüßte, daß sie es schon wären, so dürfte ich es wagen, sie von dem zu unterhalten, was in diesen Tagen geschehen ist! doch es sey drum! diese Dinge gehen sie doch immer am nächsten an, und es wär unbillig, sie unwissend in denselben zu lassen.

Sir Georg ist bey mir gewesen, ich konnte ihm den Zutritt nicht versagen; sie waren ja nicht bey mir, die einer solchen Visite ein verdächtiges Ansehen hätten geben können. Den Gegenstand unserer Unterredung darf ich ihnen wol nicht erst nennen! — Nachdem der Baronet alles gesagt hatte, was er erdenken konnte, um mich zu vermögen, ich möchte mich bey ihnen zu seinem Besten verwenden, fuhr er folgendermaßen fort. Ich weis, sagte er, was

Miß Reinolds vornehmste Einwendung gegen mein Glück ist; die üble Meinung, welche meine Tante Freelove noch immer gegen sie hegt, und die nicht eher gehoben werden wird, bis gewisse Personen, die sie gegen die Wahrheit verblenden, aus dem Wege geschaft sind. Ich höre von einem glücklichen oder unglücklichen Heirathsvorschlag für Lady Karolinen, und ich gebe meinen herzlichen Segen zu demselben, denn hat dieser boshafte Teufel nur erst den Platz geräumt, so werden schon glücklichere Zeiten erscheinen. Ich für meine Person hätte keine Ursache, mich an Mistris Freeloves Gutachten zu kehren, und Emilie könnte ohne Rücksicht auf dasselbe längst mit mir glücklich seyn; aber ihr zu gefallen, dem theuren Mädgen zu gefallen, habe ich auch diesen Anstoß ihrer Delikatesse zu heben gesucht. Ich habe ganze Pakete Briefe zu ihrer Rechtfertigung geschrieben, ohne befriedigende Antwort zu erhalten, und ich komme jezt, sie Madam, zu bitten, daß auch sie die Feder zum Besten des lieben verkannten Mädgens ergreifen wollen. Sie waren es, auf deren Empfehlung Emilie in das Haus meiner Tante kam, und sie sind auf gewisse Art die Rechtfertigung der Verläumdeten ihrer eigenen Ehre schuldig. — O Sir Georg, unterbrach ich seine partheische Rede, sparen sie die Worte, mich zu einer Sache zu bewegen, die ich vielleicht schon gethan habe. Hier, lesen sie diesen Brief, fuhr ich fort, indem ich zu meinem Pulte ging, und die Kopie von meinen lezten Schreiben nach Fairlymanor heraus nahm, dieses muß jezt schon in den Händen ihrer Tante seyn, und ich lasse sie urtheilen, ob es würken wird.

Sir Georg las, billigte und bat um Erlaubniß, nach der Antwort wieder zu fragen zu dürfen, aber ich verbat es, weil ich mir das Vergnügen, meine liebe Emilie oft zu sehen, nicht versagen kann, und es doch ungerne dulden würde, daß sie und er sich bey mir träfen. Er gab meinen Vorstellungen mit Mühe Gehör, und sagte mit einem traurigen Blick auf seine Hände, er müsse sich alles gefallen lassen, und wolle, weil er in London nichts mehr zu hoffen habe seine Abreise beschleunigen.

Abreise, Sir Georg? rief ich, wohin?

Aufs Land, die Trümmern meiner Gesundheit zusammen zu suchen. Glauben sie nicht, daß so viel Gram und Unruhe endlich die besten Lebenskräfte aufzehren kann?

Erst jezt sah ich dem trostlosen Verliebten genauer ins Gesicht, und ich muß gestehen, was ich sah, befremdete mich. Seine Klage über Kränklichkeit war nicht das gewöhnliche auswendig gelernte Klaglied der Mitleidsuchenden, er sah wirklich bleich und hager, und die Hände, auf welcher er seine Augen so traurig herabsinken ließ, hatten gänzlich das bläuliche abgezehrte Ansehen eines kaum genesenen Fieberkranken.

Ich fragte, was ihm begegnet sey, er schwieg, als wollte er sagen, daß er eine solche Frage sehr abgeschmackt fände, und daß die Ursache seiner Krankheit ja am Tage läge; dagegen beehrte er mich mit einem dringenden Nachforschen nach ihrem gegenwärtigen Aufenthalt, welches ich, ich weis nicht ob aus Rache, oder aus Vorsicht, ebenfalls mit einem deutungsvollen Stillschweigen beantwortete! doch glaube ich im Grunde, daß ihm der Ort, wo sie leben, so gut bekannt ist, wie mir und ihnen. — Aber wie ist das, Emilie? ich glaube, sie weinen?

Grausame, grausame Frau! wie sie mit mir spielen! Georg krank? krank um meinetwillen, wie ist das zu ertragen!

Ach so! ich dachte, dieser liebe Sir Georg sollte nach gerade vergessen werden? — Nun getrost Emilie! mit dieser Krankheit wird es hoffentlich nicht zum Tode seyn, und übrigens hoffen sie das beste! Lassen sie es seyn, daß mein Brief und die seinigen keine Wirkung thun, daß Neid und Eifersucht so weit über die leichtgläubige Matrone triumphiren, daß sie uns, wie ich fast glaube, keiner Antwort würdigt, dem ohngeachtet müssen sie nicht verzagen, sehen sie immer auf die glänzende Seite der Gewitterwolken, sie werden bald vorüber gehen; und denn hoffe und glaube ich gewiß, daß glückliche Tage ihrer warten. Machen sie sich indessen an dem Ort, wo sie gegenwärtig sich befinden, das Leben so angenehm als sie können. Diese Miß Magot, so ein thörichtes Geschöpf sie auch seyn mag, ist doch übrigens die beste im ganzen Hause; an sie müssen sie sich halten, denn Mistris Languish, welche niemand zu sehen bekommt als ihre Aerzte und ihre Bedeinte, ist so gut wie eine Nulle.

Emilie trocknete ihre Thränen, dankte ihrer liebreichen Trösterin und Rathgeberin, und eilte nach Hause, von wo sie schon zu lang abwesend gewesen war, denn sie fand alles in der größten Aufruhr, und man rufte ihr entgegen, daß über zehnmal nach ihr gefragt worden sey daß man nach dem Medifo laufen müsse, und daß Mistris Languish mit dem Tode ringe.

Fünftes Kapitel.

Zwey Närrinnen.

Gut, daß sie kommen, Kind, sagte Miß Margot, die in diesem Augenblick ganz gelassen aus dem Nebenzimmer trat, aber was ist ihnen? sie sehen so bleich und erschrocken aus, ich hoffe nicht, daß sie sich den Tumult hier so mächtig zu Herzen nehmen?

Und wie sollte ich nicht, Madam, da ich höre, daß die gute Mistris Languish so schlecht ist.

Schlecht? — Nicht bey Verstande ist sie, das ist wahr, und das ist betrübt genug, ungeachtet ich mich des Lachens nicht enthalten kann, wenn ich den Lärm bedenke, den man hier um nichts anfängt. Sie haben sie gestern Abend essen sehen. Ein frikasirtes Huhn, ein paar fette Tauben, ein Bund Spargel und eine Aepfeltorte ist eine ganz hübsche Krankenmahlzeit. Eine halbe Bouteille Madera machte den Beschluß, und was, nachdem ich mich entfernt hatte, noch vorgegangen seyn mag, weis ich nicht; aber sie hatte diesen Morgen nicht so bald das Haus verlassen, welche Tageszeit noch bey uns halb für Nacht zu rechnen ist, so erhub sich eine erschreckliche Unruhe; alle Welt wurde geweckt und Mistris Languish wollte sterben welches bey der ungeheuern Menge Speisen, die sie gestern zu sich genommen hatte, wol nicht zu verwundern war. Man schickte nach Doktor Hartshorn, welcher zu großer Befremdung seiner Kranken zwey Tage lang nicht bey ihr gewesen war, man fand ihn tod, und da ihr diese unvermuthete Post vielleicht zu unvorsichtig vorgetragen wurde, so fiel sie in eine wahre oder eingebildete Ohnmacht, aus welcher sie eben erst zu sich selbst gekommen ist. Sie gebehrdet sich wie eine Wahnsinnige, wie sie den wohl wissen, daß es mit ihrer gerühmten zärtlichen Sanftmuth in Fällen, auf welche sie nicht gefaßt ist, nicht viel zu sagen hat. Sie ist, wie sie versichert, überzeugt, daß nun auch sie sterben muß. Sie glaubt, ihr Lebensschifflein habe nun Mast und Steurruder verloren, und ich glaube, wenn wir in diesem Augenblick alle tod wären, und nur sie und ihr theurer Gesundheitsrath wären die Ueberlebenden, so würde sie zufrieden seyn. Als wenn es keinen andern Arzt gäbe, der sie vollends abfertigen könnte.

Die gutherzige Emilie, welche die Sache nicht so ganz lächerlich finden konnte als Miß Magot, eilte zu der Kranken, die sie wirklich in einem trostlosen Zustande auf dem Bette, und Norton zu ihrer rechten, so wie den Apotheker zu ihrer linken Seite sitzen fand. So bald sie Emilien sahe, erholte sie sich hinlänglich, um ihr ihr Unglück entgegen zu rufen. O Kind! schrie sie, welch ein Donnerschlag hat mich getroffen! Ach Doktor Hartshorn! — doch ich bin nicht im Stande es ihnen zu erzehlen.

Gewiß Madam, sagte die mitleidige Emilie, das ist keine Kleinigkeit! aber sollte es denn nicht andere geschickte Aerzte geben?

Keine! keine! schrie sie, oder gäb es noch welche, so kennten sie doch meine Konstitution nicht, so wüßten sie doch nicht, wie mit diesem zarten Gebäude, daß alle Augenblicke den Einsturz droht, umzugehen ist. Ach Emilie, ich muß sterben, gewiß muß ich sterben, ehe ich noch dein Glück gemacht habe, wie ich gewiß gethan haben würde. Ach ich bin so gut, meyne es so aufrichtig mit meinem Nächsten, es ist gewiß schade, daß ich sterben muß! Norton! ist schon nach Herrn Languish geschickt? ach ich habe noch viel auf meinem Herzen, das ich berichtigen muß, ehe ich sterben kann. Dazu gehört Zeit! ich hoffe, Gott wird sie mir gönnen, und mich nicht so bald hinwegnehmen.

Norton versicherte, Herr Languish sey nirgend zu finden, und mußte nach einigen verzweifelnden Klagen über dieses neue Unglück noch einmal hinausgehen, ihn suchen zu lassen.

Die bestürzte Emilie war jezt, da auch der Apotheker sich entfernte, mit der Kranken allein. Sie war noch wenig bey sterbenden oder dem Tode nahen Personen gewesen, und da die heftigen Gemüthsbewegungen die Dame sehr angriffen, und man noch über dies diesen Morgen vergessen hatte, ihr das gewöhnliche Roth aufzulegen, so sah sie in der That fürchterlich aus, und konnte bey dem unerfahrnen Mädgen den Gedanken wirklicher Gefahr leicht erregen.

Emilie weinte, und Mistris Languish durch diese Thränen in noch größere Bewegung gesezt fuhr in ihren rührenden Reden vom Tod und Sterben, von überfließender Menschenliebe und Berichtigung wichtiger Geschäfte fort.

Blos darum, Emilie! gutes gefühlvolles Geschöpf, blos darum, sagte sie, wünsche ich Verlängerung des Lebens, damit ich meinen Nächsten, damit ich besonders dir Gutes erzeigen könnte. Bitte, was du von mir gethan haben willst, und bete um mein Leben, denn ich glaube, ich wäre in diesen Augenblicken geneigt, dir alles zu gewähren.

Emilie hatte, seit diese Trauerscenen vor ihr aufgeführt wurden, den Gedanken an eine Sache nicht aus dem Sinne bringen können, über welche sie bisher noch immer zweifelhaft gewesen war, und von welcher sie erst kürzlich durch unermüdetes Nachforschen völlige Gewißheit erhalten hatte. Sie hatte Gutes in diesem Hause stiften wollen, und der Tod der Gebieterin desselben schien ihr die Möglichkeit dazu zu verschließen; wie erwünscht mußte ihr denn die Aufforderung aus dem Munde der Kranken seyn, die ihr die unerwartetste Gelegenheit an die Hand gab, noch in der Eil etwas von dem zu bewürken, was sie schon für versäumt hielt.

Um ihr Leben beten? schrie sie auf Mistris Languish Rede, ja, theure Lady, das will ich, und ich hoffe, Gott wird sie uns noch lange Jahre schenken; aber bitten? — Nein Madam, für mich habe ich nichts zu bitten, aber — —

Rede! rede Emilie! ich kenne deine Bescheidenheit, aber du magst fordern was du willst, so sollst du nicht dabey verlieren.

O Madam, sollte in diesen Augenblicken, da sich das Grab vor ihnen zu öfnen scheint, da sie die Nothwendigkeit fühlen, zu Beruhigung ihres Herzens gewisse weltliche Berichtigungen zu machen, sollte nicht ein Gedanke an eine unglückliche verlassene Familie in ihre Seele aufsteigen, die — — —

Was meynen sie, Miß Reinolds? — Sie sprechen sehr feierlich! ich hätte nicht geglaubt, daß sie mich im vollen Ernste für so schlecht hielten, doch reden sie, ich will schlechterdings wissen, was sie meynen.

O Madam, sie hatten einen Bruder; dieser Bruder ist vielleicht längst nicht mehr unter der Zahl der Lebendigen. Ihr Unwille und die Sorge für seine unglückliche Familie hat ihn aus dem Lande getrieben. Dieser Bruder hinterläßt eine Frau, die ihnen wol ehemals so lieb war als ich jezt ihnen bin, hinterläßt ein armes hülfloses Kind — — —

Noch einmal Miß, was meynen sie? — Welche Zudringlichkeit! — wer hat ihnen Dinge eröfnet? — — Miß, Familienangelegenheiten sind ein unverletzliches Heiligthum, und ich wollte wohl bitten! — — Ueber dieses, die so genannte Frau meines Bruders! — Ich muß ihnen sagen, daß, ich lebe oder ich sterbe, auf keine Weise an sie oder an ihre Brut gedacht werden kann. — Ich bin es meiner Ehre schuldig. — —

Mistris Languish hatte sich im Bette aufgerichtet, und der Eifer, mit dem sie sprach, färbte ihr Gesicht mit glühender Röthe. Bei zitternde Emilie stand da, und konnte nichts von der seltsamen Veränderung in dem Zustande der Kranken begreifen, auch blieb sie nicht lang in ihrer Verlegenheit, denn eben trat Frau Norton mit einem neuen Arzt herein, und unterbrach ein Gespräch, das so außerordentliche Würkung auf die Sterbende gethan hatte.

Doktor Sanguin trat an das Bette; die Kranke hatte, sobald sie ihn erscheinen sah, mitten in der Rede abgebrochen und sich gelegt, um Kraft zu neuen Klagen zu sammeln, die nun mit vollem Strome wieder aus ihrem Munde hervorbrachen.

Der Arzt fand die Gesichtsfarbe der Kranken außerordentlich, und den Puls ziemlich bewegt, Frau Norton behauptete erschrocken, sie vor einer halben Stunde bleich wie eine Leiche verlassen zu haben, und Emilie konnte erwarten, als eine Ursach dieser Veränderung angeklagt zu werden, doch die Kranke verschwieg diesen Punkt, und da in der Folge die Röthe des Zorns verging, und der Puls seinen gewöhnlichen Gang wieder annahm, so versicherte Doktor Sanguin, daß er hier keine sonderlichen Merkmahle von Krankheit entdecken könne, und die Kranke bitten müsse, ihm über den eigentlichen Sitz ihrer Leiden Aufschluß zu geben.

Ach Gott! schrie sie, ich bin ein Zusammenfluß aller Krankheiten, und über dieses hat mich Doktor Hartshorns Tod, der mir sehr un=

vorsichtig gemeldet wurde, halb von Verstande gebracht.

Die medicinischen Nachforschungen gingen weiter, und der redliche Arzt, der ein Freund der Wahrheit und gesunden Vernunft war, verschrieb einige beruhigende Mittel, und that den Ausspruch, daß hier nicht die geringste Gefahr zu besorgen sey. Da seine Zeit sehr eingetheilt war, und würklich gefährliche Kranke auf seine Hülfe warteten, so hielt Doktor Sanguin sich sehr kurze Zeit in dieser Wohnung der thörigten Einbildung auf, und zog dadurch den ganzen Unwillen der Kranken auf sich.

Was dies für ein Mann ist! rief die Dame, als er die Hand noch fast an der Thüre hatte. Nein, der steht mir nicht an! mit keinem Fuß darf er mein Haus von neuem betreten! Und seine Arzeney? — daß kein Tropfen davon geholt werde! sie würde mich tödten, denke ich! — Nicht die geringste Gefahr zu besorgen? — Man denke doch! ich glaube, ich selbst muß mich am besten fühlen, ob ich gleich, die Wahrheit zu gestehen, das Grab noch eben nicht vor mir offen sehe, oder ausserordentliche Beruhigungsmittel für mein Herz nöthig habe. Miß Reinolds, wollten sie nicht die Güte haben, sich zu entfernen; meine Schwester wird ihrer Gesellschaft nöthig haben, mich dünkt, sie schicken sich nicht sonderlich in ein Krankenzimmer, und ich wünsche, daß man mich nie wieder mit ihnen allein lasse.

Emilie that ohne Einwendung, was ihr gesagt ward, und kam noch ganz bestürzt über die lezte für sie so unerwartete Fehlschlagung zu Miß Magot, welche ihr tausend Fragen über das Befinden der Kranken that. Emilie beantwortete dieselben, ohne von ihrem unglücklichen Versuche, etwas zum Besten einer Verlassenen zu erwehnen; da derselbe bey Mistris Languish so übel aufgenommen worden war, was hatte sie denn bey Miß Magot zu besorgen, die denen Personen, für welche ihr gutes Herz sie bitten gelehrt hatte, nicht so nahe verwandt war als jene, und auf Mitleid und Empfindsamkeit nie große Ansprüche gezeigt hatte.

Miß Magot that den Ausspruch, ihre Schwester sey eine Närrin, daß sie Doktor Sanguins Hülfe verschmähe. Ich bedaure, fuhr sie fort, niemand mehr als den armen Herrn Languish; er ist sehr unglücklich bey einer solchen Träumerin, und ich kann mich auf gewisse Art die Ursach seines bösen Schicksals nennen. Freilich hätte er glücklicher mit mir seyn können, aber ich gab ihm wenig Aufmunterung, und so geschahe es, daß er in einem Anfall von Verzweiflung dieses einfältige Geschöpf heyrathete, das ihm gewiß nur darum gefallen konnte, weil sie meine Schwester war, und ihn also doch einigermaßen mir näher brachte. Der Beklagenswürdige! Wie habe ich ihn getäuscht! doch dies ist das Schicksal so mancher gewesen, die sich um mich beworben haben.

Emilie, welche nicht gleich wußte, was sie antworten sollte, sagte, es sey zu bedauern, und Miß Magot dachte natürlich nicht an die Frage, was zu bedauren sey? sonst würde sie die arme Emilie, die keine Lügen sagen konnte, sehr ins Gedränge gebracht haben.

Ja wohl zu bedauern, antwortete sie, aber warum hat mich der Himmel mit einem Herzen geboren werden lassen, das die hartnäckigste Feindschaft gegen die Liebe hegt? O Emilie! von diesen Dingen wäre viel zu sagen, aber so viel seyn sie gewiß, ich handle nie ohne Grundsätze, wie etwa meine Schwester, und ich biete der Welt Trotz, meinem Charakter einen Flecken anzuhängen. Die tugendhafte, die strenge, die grausame Arabelle Magot, war immer der Name, den ich im Leben behauptet habe. — Warten sie nur, wenn wir eines Tages recht ruhig sind, so will ich ihnen die Geschichte aller meiner Liebhaber geben. Gott, welch ein Heer! und noch jezt, da ich doch nicht mehr ganz im ersten Frühling der Jahre bin, werde ich von zweyen bis dreyen zu gleicher Zeit gepeinigt! Weis der Himmel, was die Männer an mir haben! ich sehe doch nicht, daß es andern Frauenzimmern so geht. Da ist meine Schwester, sie war wirklich hübsch, ehe sie sich zur lebendigen Apotheke machte, aber nie, nie ist so ein Lärmen ihrentwegen gewesen. Wir gingen nun immer mit einander, und ein Haufen von Anbetern trat in meine Fußtapfen, aber allemal begegnete man mir mit jener tiefen Ehrfurcht, wie sie die Damen zu den Zeiten der Chevallerie nur hätten verlangen können, indeß man mit ihr wie mit einem kleinen Kinde spielte. Sie müssen es schon manchmal bemerkt haben. Emilie, wie mir es in diesem Stücke geht, und wie ich Aufsehen errege, ohne es zu wünschen oder zu wollen. Denken sie noch daran, als wir vor acht Tagen im Schauspiel waren? Da war ein junger Mann in der nächsten Loge, ein Mann von Stande, wie ich seit dem vernommen habe, ein junger Lord B**, der kein Auge von mir verwandte. Ich hätte ihn umbringen mögen, so zornig war ich über seine Kühnheit. Ich habe ihm Blicke gegeben, Blicke! — nun Emilie, sie haben sie gesehen! — Dem ohngeachtet ließ er sich nicht abschrecken, und folgte uns, da wir gingen, auf dem Fuße. Und meine Wohnung? o die wußte er gewiß gleich den ersten Abend, denn sahen sie wohl, da wir ausstiegen, den Kerl in blauer Liverey? ganz gewiß ein Kundschafter von ihm; was nun die Sache für weitere Folgen haben wird, das werden wir sehen. — Aber wie, Emilie, sie werden roth? armes Kind, was würden sie an meiner Stelle für eine Figur machen! roth werden darf man gar nicht, es giebt einem so ein gewisses Air von Verzagtheit, das den kühnen Männern nur mehr Muth macht, und uns allen ihren Angriffen blos stellt.

Emilie erröthete wirklich, denn die Aufmerksamkeit Lord B**s, ihres ehemaligen Verfolgers, war ihr jenesmal nicht entgangen, auch konnte sie sich seit ihren Besuchen bey Mistris Easy wohl erklären, warum der Kerl in blauer Liverey, vermuthlich einer von Sir Georgs Leuten, ihrem Wagen gefolgt war. Herzlich freute sie sich, daß Miß Magot alle diese Dinge so gutherzig auf sich nahm, und bemühte sich keineswegs, sie aus ihrem freundlichen Wahne, der ihrem kleinen eitlen Herzen so wohl that, zu reißen.

Ja, fuhr die angefochtene Schöne fort, dergleichen Abentheuer sind mir wohl funfzigmal begegnet, und die beste Lust dabey ist, daß ich bey solchen Gelegenheiten nie ein anderes Mädgen bey mir hatte, die mir nicht de bon coeur zugesichert hätte, daß ich in einem gröblichen Irthum sey, und daß die Männer nicht mir, sondern ihr nachgingen. Wie sehr sich die armen Närrinnen täuschten, kann niemand besser beurtheilen als sie, deren guter Verstand mir schon bekannt ist..

Emilie war wirklich nicht auf sehr aufgeräumter Laune, dem ohngeachtet aber konnte sie sich kaum des Lachens über die Einbildungen enthalten, welche die gute Miß Magot so glücklich machten. Indessen war sie viel zu klug, ihr einzureden, sondern versicherte nur, daß sie sich höchlich wundere, wie irgend ein Frauenzimmer über eine solche Sache mit ihr habe streiten können.

Ja sie, Miß Reinolds, fuhr die Schöne fort, welche den Doppelsinn dieser jesuitischen

Antwort nicht fühlte, sie hätten freilich zu viel gesunde Vernunft zu solchen Thorheiten, und ich muß gestehen, daß ich in der That nie ein hübsches, wirklich recht hübsches Mädgen gekannt habe, die so wenig Ansprüche machte als sie; fast möchte ich sagen, daß sie zu wenig Lebhaftigkeit haben, sie würden sonst gewiß nicht unbemerkt bleiben, und könnten noch wohl durch ihr artiges Gesichtgen ein Glück machen.

Was mich anbelangt, fuhr die schwazhafte Dame fort, so muß ich gestehen, daß ein Bisgen Koketterie mir gefällt; es giebt den Augen ein so gewisses Feuer, und belebt alle Gesichtszüge. Ich habe mir tausend Kurzweil mit manchem artigen Purschen gemacht, aber der komischste und hartnäckigste unter allen war Lord Whredle. Was meynen sie, sieben Jahre habe ich ihn in meinem Garne gehabt, und noch jezt könnte ich vielleicht Lady Whredle werden, wenn ich wollte, aber ich weis nicht, ich kann mich noch immer nicht entschließen. Es ist wahr, seine Güter sind etwas verschuldet, und er ist auch nicht mehr der Jüngste, übrigens aber ein hübscher, recht hübscher Mann, lang, stark, wohlgebaut fast wie mein Bruder Languish, keiner von den dürren dünnschenklichten Herrgen, wie man sie jezt an jedem Sommertage sieht.

Glücklicher Weise ward hier der Strom von Miß Magots Rede unterbrochen, sonst würden wir Gelegenheit gehabt haben, noch man-

che Seite von derselben niederzuschreiben, oder
unterzuschlagen.

Sechstes Kapitel.

Gute Züge eines fehlerhaften Charakters.

Des andern Tages trat ein neuer Arzt auf,
der schon dadurch Doktor Sanguin verdrängte,
daß er volle zwanzig Minuten den Puls der
schönen Kranken ohne Wortsprechen untersuchte,
denn eben so lang an dem goldenen Knopfe sei‐
nes Rohrs käute, und hieraus erst sehr feierlich
Papier zu einem Recept forderte, das dreymal
zerrissen, und erst das viertemal gut gefunden
wurde. Das Kopfschütteln, mit welchem er
das Zimmer verließ, stahl Mistris Languish das
Herz, und auf Erheischen seiner ellenlangen
Verordnungen der Apothekerpursche mit so viel
Arzeneyen beladen anlangte, als er eben tragen
konnte, da that sie den Ausspruch, Doktor Ho‐
peleß gebe Hofnung, Doktor Harthorns Stelle
ganz zu ersetzen, und sie denke, durch seine
Hand gewiß gesund zu werden.

Was sie dachte und wünschte, geschah in‐
dessen nicht, denn da die vorgemeldete Portion
Arzeney vierzehn Tage lang täglich wiederholt
wurde, so mußte sie ja wol endlich krank wer‐

den. Häufige Aderläſſe ſchwächten ſie vollends gänzlich, und Doktor Hopeleß entließ ſie endlich zu einer Landreiſe, welche ihre Geſundheit herſtellen ſollte, mit drey Blaſenpflaſtern auf dem Rücken, und zweyen am Halſe.

Emilie hatte in dieſer Zeit ihre Freundin Eaſy wieder einmal beſucht, und von ihr den Rath erhalten, ſich aller Unannehmlichkeiten ungeachtet doch wenigſtens ſo lange bey Miſtris Languiſh aufzuhalten, als Miß Magot anweſend ſey, denn freilich, da ſeit der lezten Scene am Krankenbette, die Miſtris Eaſy ihrer gutherzigen Freundin kaum verzeihen konnte, die beleidigte Dame ihr wenig freundliche Minen machte, ſo konnte dieſe nach Abreiſe der Miß Magot nicht viel gute Stunden in dieſem Hauſe erwarten.

Die Veränderung mußte jedermann in die Augen fallen, und Miß Magot war nicht die lezte, welche ſie bemerkte. Ums Himmels willen, Emilie, ſagte ſie eines Tages, was iſt zwiſchen ihnen und meiner Schweſter vorgefallen? Emilie ſchwieg. Nein, gutes Mädgen, ſagte die andere, vor mir müſſen ſie kein Geheimniß haben, denn ich weis, daß Miſtris Languiſh eine Närrin iſt, und gebe ihr ſchon im voraus unrecht, auch iſt ihnen wohl bekannt, wie ſehr ich ſie liebe.

Sie lieben mich, Madam, erwiederte Emilie, wie Miſtris Languiſh mich liebte, und würden anfangen mich zu haſſen wie ſie, wenn ſie wüßten, daß ich aus Gutherzigkeit einſt frei genung war ich in Familienangelegenheiten zu miſchen, und dadurch, vielleicht nicht ganz unverdient in ihrer Achtung ſank.

Miß Magot ward dringender mit ihren Fragen, Emilie beſaß viel Offenherzigkeit, und ehe eine Viertelſtunde verging, kam das ganze Geheimniß zum Vorſchein.

Miß Magot hatte anfangs mit Aufmerkſamkeit, denn mit immer wachſender Theilnehmung zugehört, und am Ende folgte der ganz unerwartete Ausruf: Wie? ſollte es möglich ſeyn, daß ſie genau von dem Schickſal der unglücklichen Frau meines armen Bruders unterrichtet wären, nach der ich ſo lang vergeblich geforſcht habe? Man iſt grauſam mit meinem Bruder umgegangen, man hat, weil er bey ſeiner Verbindung mit Miß Williams noch nicht mündig war, Mittel gefunden, ihm den Genuß aller ſeiner Güter zu entziehen, und ihn dadurch genöthigt, ein beſſeres Glück für ſich und ſeine troſtloſe Familie in der neuen Welt zu ſuchen; wo er vielleicht ſeinen Untergang gefunden hat. Ich bin nur ſeine Stiefſchweſter; man fand es für gut, mich erſt ſpät mit dem Verfahren gegen ihn bekannt zu machen, ich konnte alſo nichts für ihn thun, als daß ich mich nach ſeiner verlaſſenen Frau erkundigte, mit dem feſten Vorſatz, ſie auf alle Art zu unterſtützen; ſie müſſen wiſſen, ich habe ſie ſehr geliebt, da ſie noch Miß

Williams hieß, und ihren Mann, meinen nunmehrigen Bruder — Emilie, soll ich ihnen die Wahrheit gestehen? Ich, Mistris Languish, und der unglückliche Mann, von welchem wir sprechen, sind zusammengebrachte Kinder, wir kannten uns lange vorher, ehe wir Geschwister wurden, und ich darf sagen, daß Heinrich, dies ist sein Name, mich damals nicht mit gleichgültigen Augen ansah. Das Schicksal, das ihn zu meinen Bruder machte, zerstörte vielleicht eine anderweitige Verbindung, aber meine Neigung für ihn zerstörte es nicht, und ich will, da ich nichts für ihn thun kann, wenigstens für seine verlassene Familie sorgen, Mistris Languish zum Trotz will ich es, darauf verlassen sie sich.

Emilie bewunderte, wie ein thörigter Wahn nun die Quelle so vieles Guten werden konnte. Wahrscheinlich hatte Heinrich Miß Magot so wenig jemals geliebt, als alle ihre andern eingebildeten Liebhaber; aber sie glaubte es, und Emilie hüttete sich wohl, sie in ihrem Glauben irre zu machen, da er sie zu einer guten, rühmlichen Handlung verleitete. Mag doch der Grund mancher unserer guten Thaten Eitelkeit seyn; für uns desto schlimmer, aber für die Welt im Grunde ganz einerley.

Man ging nun ernstlich zu rathe, wie das Gute, das Miß Magot im Sinne hatte, ins Werk zu richten sey. Emilie wußte leider nicht so viel von der unglücklichen Person, für welche sie sich so großmuthig verwendet hatte, als Miß Nagot, die in allem, was sie unternahm, mit Hitze zu Werke ging, gewünscht und geglaubt hätte. Mistris Wildham, das war der Name ihrer Klientin, hatte ein einigesmal in ihrer Abwesenheit in Mistris Easys Wohnung nachgefragt, man hatte vergessen ihr davon zu sagen, und jene war nicht wiedergekommen.

Das einige Mittel in solchen Fällen ward ergriffen, und Emilie sezte sich hin, folgende Nachricht aufzusetzen, welche so gleich in die Zeitungsexpedition geschickt wurde:

„Mistris W.:, die Mutter der kleinen Betsi, wird von ihrer Londoner Reisegefährtin gebeten sich binnen vier Tagen in Grosvenorsquare in diesem und diesem Hause zu melden, wo sie gute Nachrichten von den Anverwandten ihres Mannes zu erwarten hat. Nach Verfluß dieser Zeit müssen ihre Addressen nach R.. acht Meilen von London eingeschickt werden, weil die Familie sich um diese Zeit in dasiger Gegend begeben wird."

Miß Nagot war mit dem, was Emilie geschrieben hatte, zufrieden, und hatte die Genugthuung für ihre Ungeduld, gleich des andern Tages in einem von den öffentlichen Blättern folgende Antwort zu finden, mit welcher sie indessen doch nicht ganz zufrieden seyn konnte.

„Die unglückliche Mutter der kleinen Betsi errinert sich ihrer Londoner Reisegefärtin sehr wohl, auch hat sie einst in ihrer höchsten Noth an dem ihr jenesmal angewiesenen Orte zugefragt, und ist — hoffentlich ohne Mitwissen des liebreichen jungen Frauenzimmers — abgewiesen worden. Sie hat bey ihrem Aufenthalt in London Leiden aller Art, Armuth, Krankheit und Verfolgung zu erdulden gehabt, hat denjenigen, den sie suchte, nicht gefunden, hat erfahren, daß die Härte gewisser Personen ihn aus England getrieben habe, und ist mehrmals in Gefahr gewesen, durch die Nachstellung grausamer Anverwandten auch das lezte Gut, das sie besaß, ihre Freiheit zu verlieren. Dies ist ihre kurzgefaßte Geschichte, und ihre ehemalige Reisegefährtin mag urtheilen, ob sie bey so bewandten Sachen Muth haben könne, sich zu Grosvenorsquare und zu R.., wo ihre Verfolger wohnen, zu meiden, oder ob sie hoffen könne, von Ihnen angenehme Nachrichten zu erhalten. Sie ist genöthigt, alles für seine Fallstricke zu halten, und bleibt in ihrer Verborgenheit. Doch wird eine grosse Dame, deren Schutz sie seit einigen glücklichen Wochen genießt, Gelegenheit nehmen, ihre Sache zu R.., von wo ihr Landsitz nur einige Meilen entfernt ist, persönlich zu führen, und der Verfolgten die möglichste Sicherheit zu verschaffen."

Miß Magot ward unbillig über die Verzögerung dessen, was ihr jezt mit einmal in den Sinn gekommen war, sprach einen Tag oder zween viel darüber mit Emilien, vergaß es denn, und machte sich gefaßt, nebst der jungen Freundin mit der übrigen Familie nach R.. abzugehen, wohin, wie wir schon vorhin erwähnt haben, Mistris Languish durch ihre geschwächte Gesundheit und die Vorschriften ihres Aesculaps gezogen wurde.

Siebentes Kapitel.

Lady Wilmore.

Herrn Languish Villa zu R.. hatte bey der reizendsten Lage alle Vorzüge, die Geschmack und Kunst einer ländlichen Wohnung geben können, und Emilie, welche überhaupt das Land liebte, betrat diesen angenehmen Ort mit dem vollen Vergnügen, das ein junges schuldloses Herz, das den Sorgen für die Zukunft nicht zu viel nachhängt, im Schooße der Natur zu finden pflegt.

Auch Miß Magot war nicht mißvergnügt; die Bekanntschaft des Hauses mit den umwohnenden Familen war groß und ausgebreitet, und es konnte ihrem Wahn, überall Bewunderer zu finden, der sie so glücklich machte, hier nicht an Nahrung fehlen.

Was Mistris Languish anbelangt, so thaten ihr die Landluft und die seltenen Besuche ihrer Aerzte gute Dienste, ihre wirklichen Beschwer=

den zu heben, obgleich die eingebildeten immer unheilbar blieben; doch war sie munterer und auf erträglicherer Laune als in London, so daß hier niemand Ursach hatte mißvergnügt zu seyn, als Herr Languish, dessen Wohlgefallen an der schönen Gesellschafterin seiner Frau um diese Zeit so zugenommen hatte, daß er unabläßig nach dem einsamen Genuß ihres Umgangs strebte, und alles haßte, was ihm denselben benahm. Miß Magot, von deren Seite Emilie aus guten Ursachen sich fast nie entfernte, war der vornehmste Gegenstand seines Unwillens, indessen diese sich ganz entgegengesetzte Einbildungen machte. —

Sehen sie nur, sagte sie oft zu Emilien, was für vergebliche Mühe sich mein armer Bruder Languish um meinetwillen giebt! Ich hätte der Familie nicht sollen hieher folgen, denn ich sehe wohl, daß meine beständige Gegenwart eine verbothene Flamme in seinem Busen nährt, und ich bitte sie inständig, liebes Mädgen, mich nur keinen Augenblick zu verlassen, damit ich nicht Erklärungen aus seinem Munde höre, die ich vermeiden muß.

Emilie versprach, was man von ihr forderte, mit ganzem Herzen, ohne daß sie es für nöthig hielt, ihrer Freundin zu sagen, woher eigentlich ihre grosse Bereitwilligkeit in diesem Stück ihren Ursprung hatte.

Noch nicht vierzehn Tage waren verflossen, als Mistris Languish Nachricht erhielt, daß eine vornehme Verwandtin ihres Hauses, die erst seit einem Monat von Bath zurückgekommen war, wo sie ihrer Gesundheit wegen den ganzen Winter über hatte leben müssen, sie auf einige Tage besuchen wollte. Emilie hörte den Namen Lady Wilmore, und ein seltsames Sittern überfiel sie, denn sie erinnerte sich, daß dieses eben die Dame war, bei welcher ihr ihr Pinsel einst einen Zutritt verschafte, und die sich eine kurze Zeit lang so warm für sie interessirte, um sich denn um einer Kleinigkeit willen schnell wieder von ihr loszureißen.

Sie selbst fühlte in ihrem Herzen noch immer jene sonderbare Vorliebe für die vornehme Schwärmerin, freute sich sie wiederzusehen, und zweifelte doch, ob sie es wagen dürfe, sich einer Person von neuem zu zeigen, welche so seltsamen Launen unterworfen war, und die blos durch einmalige Nennung ihres verhaßten Namens wider sie von neuem hätte aufgebracht werden können.

Sie fühlte keinen Trieb in sich, ihre Freundin Miß Magot zur Vertrauten dieser Dinge zu machen, sondern ließ es dabey bewenden, daß sie nach reiflicher Ueberlegung bat, man möchte, so lang Mylady Herzogin gegenwärtig wär, ihr erlauben, auf ihrem Zimmer zu bleiben, weil sie nicht gewohnt sey, mit so hohen Damen umzugehen.

Und setzen sie hinzu, mit so launigten, erwiederte Miß Magot mit Lachen. Mylady Wilmore ist gewissen Anfällen ausgesezt, die jederman unerklärlich sind, einige nennen dieselben Krankheit, andere tief eingewurzelte Melancholie, und vor kurzem hat mich einer unserer klügsten Aerzte, eben jener Doktor Sanguin, versichert, daß in Myladys geheimer Geschichte irgend ein Umstand seyn müsse, an welchen, so oft er ihr ins Gedächtniß käme, ihre Vernunst scheiterte, und daß er ihr Uebel für unheilbar hielt, weil sie sich bey dem ungezähmten Stolz, den sie besizt, nicht leicht jemand entdeken würde. Uebrigens ist sie eine Person von ausgemachter Liebenswürdigkeit. Sie ist noch nicht sieben und dreißig Jahr, und für ihr Alter, wenn ich die verwelkte Blüthe ihrer Wangen ausnehme, wirklich schön. Auch aufgeräumt ist sie in ihren hellen Zwischenzeiten, derer sie sehr viel hat. Dabey ist sie wohlthätig bis zur Ausschweifung; eines ihrer Lieblingsgeschäfte ist, Nothleidende aufzusuchen, und verschwenderisch ist die Hülfe, die sie ihnen angedeihen läßt; sie nennt dieses das einige wirksame Mittel für ihre Krankheit, und rühmt nach einer guten Handlung, welche ihr so ganz nach Wunsch geglückt ist, oft Monat lang Linderung der Quaal zu spüren, deren wahren Sinn sie niemand entdeken mag.

Und hat man denn gar keine Muthmassung, was das Herz der unglücklichen Dame beunruhigen mag? fragte Emilie mit Eifer,

Mylady, sagte Miß Magot mit Achsel=
zucken, ist an einen Mann verheurathet, den sie,
wie es scheint, nie lieben wird. Ihre Kinder,
welche ihr einiger Trost bey einer unglücklichen
Ehe waren, hat sie fast alle in den ersten Jah=
ren der Kindheit verloren, und nur noch vori=
gen Herbst hat sie die lezten von ihren Lieblin=
gen eingebüßt. Zwey ihrer Kinder leben noch,
ein Sohn und eine Tochter, der erste, ein ver=
wahrloster Jüngling, der den ausschweifenden
Fußtapfen seines Vaters folgt, und die zweyte,
ein kränkliches elendes Geschöpf, das mit tau=
send Gebrechen des Körpers ein auf alle Art
vernachläßigtes Herz verbindet; beyde sehen ihre
unglückliche Mutter nur sehr selten, und es ist
nicht zu verwundern, wenn man alle diese Um=
stände zusammennimmt, daß das Gemüth der
guten Dame auch ohne Rücksicht auf geheime
Leidensquellen unaussprechlich angegriffen wird.

Man kündigte in diesem Augenblick die An=
kunft Lady Wilmorens an, und Emilie war froh,
dem, was sie gehört hatte, und was ihr gutes
Herz außerordentlich rührte, in der Stille nach=
denken zu können.

Da Mistris Languish nach Gewohnheit
kränklich und also nicht sichtbar war, so blieb der
erste Empfang der vornehmen Verwandten ihrer
Schwester überlassen. Die Unterhaltung dau=
erte lang, und Emilie erfuhr zufällig, daß bey=
de den Sprachsaal verlassen, und sich in Miß
Magots verschlossen hätten.

Miß Magot erschien nach Verlauf zweyer Stunden, und rufte Emilien, dem Gegenstand des geheimen Gesprächs entgegen. O Kind, schrie sie, was meynen sie! Lady Wilmore ist eben die vornehme Dame, die sich ihrer Klientin, meiner unglücklichen Schwägerin Wildham, in ihrem Elende angenommen hat, und sie ist diesesmal weit weniger nach R.. gekommen, uns einen freundschaftlichen Besuch zu machen, als die Angelegenheiten von Mistris Wildham zu betreiben. Alles, alles ist nunmehr in Richtigkeit gebracht; ich habe Mylady ersucht, von der ganzen Sache nichts gegen meine phantastische Schwester zu gedenken, bey welcher jedes Wort hierüber verloren seyn würde, und nur mir alles zu überlassen. Mistris Wildham wird, so bald ich diese Gegend verlasse, mit mir nach jenen Gütern in Kent abgehen, das nächste Schiff wird Nachfragen nach meinem unglücklichen Bruder mitnehmen, und wir werden in der Einsamkeit abwarten, ob der Himmel ihn seinen Freunden wiederschenken will, oder ob die Gerüchte von seinem Tode sich bestättigen. Die kleine Betsi bleibt indessen bey Lady Wilmore, welche schlechterdings ein menschliches Geschöpf um sich haben muß, ihre Wohlthätigkeit an demselben auszuüben.

Dies ist der eine Theil von dem, was ich ihnen zu sagen habe, der andere betrift sie selbst. Mylady ist bezaubert von dem, was ich ihr von ihrer großmüthigen Verwendung für eine unglückliche Fremde gesagt habe, und verlangt sie schlechterdings zu sehen. Ihr vorgehables Inkognito ist also zu Ende, und sie müssen sich augenblicklich ihr vorstellen lassen. Nichts von ihren kleinlichen Bedenklichkeiten! meine Verwandtin ist keine so mächtig große Dame, als sie denken, und was ihren Stolz anbelangt, so äußert er sich mehr in ihrer Aufführung im gemeinen Leben. Ich weis, sie wird Geschmack an ihnen finden, und ich müßte mich sehr irren, wenn nicht auch in ihrem guten Herzen eine Zuneigung für die unglückliche Frau erwachen sollte.

Achtes Kapitel.

Vorbereitungen zu großen Dingen.

Dies ist also das junge Frauenzimmer, davon sie mir gesagt haben? sprach die Dame mit einem durchdringenden Blicke auf Emilien, als sie ihr vorgestellt wurde. Träume oder wache ich? — Miß Reinolds, mich dünkt, wir sind alte Bekannte, und ich bin so erstaunt als erfreut, eine Person so unvermuthet wieder zu sehen, die ich mir zu meiner unzertrennlichen Gesellschaft wünschen wollte.

Mylady, stammelte Emilie, wissen besser als ich die Ursache, die mich jenes mal um die

Stelle brachte, die ich als das Glück meines Lebens angesehen haben würde.

Lassen sie uns nicht mehr von diesen Dingen reden, erwiederte die Dame. Wenn sie mich besser kennen werden, so werden sie erfahren, daß bei mir nicht alle Stunden gleich sind. Die, in welchen ich sie zuerst sahe, gehören unter die trübsten, die ich verlebt habe; aber die gegenwärtigen sind ganz heiter und wolkenlos, sind es durch Vollendung einer guten That, die mir auf dem Herzen lag, und bey welcher sie mir, ohne daß Sie wußten, wem sie behülflich waren, die Hand geboten haben. Unsere gute Mistris Wildham wird glücklich seyn, und ihnen hat sie einen guten Theil ihres Glücks zu danken. Ach Miß Reinolds, ich fand die Unglückliche auf meinen Wanderungen in den Wohnungen des Elends, in traurigen Umständen! — Sie sollen schon einst ihre Geschichte umständlich erfahren, und glückt es mir, sie, meine Liebe, ihren jetzigen Beschützerinnen abspenstig zu machen, so sollen sie meine Gefährtin auf den Wegen der Mildthätigkeit werden. Ach wie manche Mistris Wildham werden Sie mir ausspähen helfen! wie manches Heilpflaster werden sie meinem verwundeten Herzen auf diese Art bereiten.

Lady Wilmore sprach viel, und mit dem äußersten Afekt. Das schwärmerische Feuer, mit welchem sie redete, bezeichnete zugleich den etwas zerrütteten Zustand ihres Gemüths so stark, und er gab ihrer ohnedem einnehmenden

Person eine so hinreißende Anmuth, daß Mitleid und Zuneigung ein paar Thränen in Emiliens Augen lockten.

Zum Glück wurden sie nicht bemerkt, denn die neugierige Miß Magot, welche das wenigste von den vorhergehenden Reden verstand, drängte sich jezt näher hinzu, und bat um Aufschluß über die alte Bekanntschaft, die sich zwischen Mylady und Emilien zeigte.

Die Dame gab ihr denselben mit gewöhnlichen Enthusiasmus, und beschloß ihre Erzählung damit, daß sie Miß Magot mit einem Medaillon beschenkte, den sie von ihrer Brust nahm, und der eine von denen Kopien enthielt, die ihr Emilie vor einigen Monaten von jenem Trauergemählde hatte verfertigen müssen, das die erste Gelegenheit zu ihrer Bekanntschaft gab. Emilie erhielt einen ähnlichen Ring, nebst dem Befehl, sich, so lange sie sich zu R.. aufhielt, so wenig als möglich von ihr zu entfernen, und so bald sie ihre Entlassung von Mistris Languish erhalten könnte, zu ihr nach Wilmorehall zu kommen.

Emilie war entzückt über die auszeichnende Achtung, mit welcher ihr von der Herzogin begegnet wurde, und zitterte vor nichts mehr, als von einem oder dem andern aus der Familie, Emilie genannt zu werden, und dadurch auf einmal das Wohlwollen ihrer Gönnerin vernichtet zu sehen.

Man war zu gewohnt, sie mit diesem Namen zu nennen, als daß dieses lang hätte ausbleiben können. Emiliens Augen, die bey dieser Gelegenheit fest auf ihre vornehme Gönnerin gerichtet waren, wurden auch wirklich eine Erschütterung und eine schnelle Veränderung der Farbe an ihr gewahr, aber dabey blieb es; Myladys Huld blieb sich übrigens gleich, und sie machte sogar einige mal den Versuch, den verhaßten Laut selbst auszusprechen, welches ihr ziemlich glückte.

Die auszeichnende Gewogenheit, mit welcher dem jungen Mädchen von der Dame begegnet ward, hatte Einfluß selbst auf Mistris Languish; sie betrug sich des Abends bey der Tafel, wo sie dieses mal um der Fremden willen selbst präsidirte, weniger kalt gegen Miß Reinolds, als seit jener unglücklichen Scene am Krankenbette geschehen war. Wider Myladys Begehren, Emilie möchte, so lange sie zu R.. blieb, in ihrem Zimmer schlafen, hatte niemand etwas einzuwenden, und als diese gar mit der Bitte hervortrat, Emilie möchte entlassen und ihrem Schutz übergeben werden, so glänzte die Freude, einer Person los zu werden, die ihr nicht mehr gefiel, sichtbar in Mistris Languishs Augen, und sie willigte gern ein. Aber Herr Languish sahe bestürzt vor sich nieder, und Miß Magot versicherte mit einem ihrer freundlichsten Blicke, so gern sie auch ihrer Emilie ein besseres Glück gönne, so würde sie doch ihre Gesellschaft unendlich bedauren und vermissen, welches von

Emilien mit ihrer gewöhnlichen guten Art erwiedert wurde.

Miß Reinolds kam die ganze Zeit über, welche die Dame zu N.. zubrachte, nicht von ihrer Seite, und Myladys Aufenthalt, der vorher auf wenige Tage bestimmt war, dehnte sich in Wochen aus. Wie lieb Emilie ihrer vornehmen Freundin in dieser Zeit der genauern Bekanntschaft wurde, läßt sich errathen; tausend schätzbare Eigenschaften enthüllten sich in ihr vor den Augen der erfreuten Dame, die ihren Werth erhöhten, und ihr das Geständniß ablockten, sie finde nichts an ihr auszusetzen als ihren Namen, mit welchem sie sich aus Ursachen, die sie vielleicht einst erfahren würde, nie ganz aussöhnen könnte.

Ach mein Kind, sezte sie hinzu, mein Herz hat der schwachen Seiten viel, und seit ich dich kenne, halte ich ein genaues Geständniß derselben, halte ich die Erzählung aller meiner geheimen Leiden zu erst für möglich, welches ich sonst nie konnte. Gedulde dich, Liebe, du sollst einst alles erfahren, um deine unglückliche Freundin ganz bemitleiden, und sie kräftiger trösten zu können.

Emilie sahe ihre Gönnerin mit Blicken der innigsten Theilnehmung an, und versicherte, so wichtig ihr auch die Bekanntschaft mit allem seyn würde, was sie anging, so könnte sie doch nicht daran denken, ihr eine Erzählung zuzumuthen, die ihr den mindesten Schmerz machte, besonders zu einer Zeit, da ihre Gesundheit noch bey weitem nicht hinlänglich bevestigt wär, um Anstrengung oder heftige Gemüthsbewegungen aushalten zu können.

Du hast recht, erwiederte Lady Wilmore, heftige Gefühle könnten mich jezt tödten, oder mein armes zerrüttetes Gehirn vollends ganz zerstören. Du siehst, wie mein Leben hinwelkt; neue Nachrichten von den Ausschweifungen eines ausgearteten Sohnes, und ein Brief voll Ungereimtheiten von meiner verwahrloßen Tochter haben mich mehr herabgebracht, als ich bey meiner Ankunft zu R.. war; ach ich hätte eine glücklichere Frau, eine glücklichere Mutter seyn können!! Freilich dann nicht Mylady Herzogin von Wilmore, aber was thut Rang und Reichthum zum Glück des Lebens? —

Emilie sah, daß das Gesicht der Dame sich mit ungewöhnlicher Röthe überzog, und ihre Hand sich auf eine schmerzhafte Art nach ihrer Stirn bewegte. Eine lebhafte Besorgniß überfiel sie, und sie bat ihre Gönnerin auf die dringendste Art, alle Gedanken zu vermeiden, welche sie beunruhigen könnten, und ihr lieber irgend etwas an die Hand zu geben, womit sie ihre Melancholie zerstreuen, und sie zu Gefühlen der Freude erwecken könnte.

Du hast recht, erwiederte Lady Wilmore. Die Augen verschließen, nicht mehr an vergangene unabänderliche Dinge denken, ist wohl für mich das Beste; auch weiß ich, daß du tausend Mittel zu meiner Aufheiterung in deiner Gewalt hast; doch will ich in den Tagen, da ich durch meine Schwachheit noch zu R.. aufgehalten wurde, nur eins zu meiner Zerstreuung von dir fordern, das du mir nicht abschlagen wirst. Ich weis zur Zeit noch nichts von dir, als daß du Miß Reinolds mit dem verhaßten Namen bist. Erzähle mir in irgend einer unserer einsamen Stunden deine Geschichte; du bist noch jung, kannst noch nicht viel erfahren haben, dessen Wiederholung dir Schmerz machen müßte; die Erfüllung meiner Bitte wird dir also leicht seyn, und für mich ists bey dem, was ich zu thun gedenke, beynahe Nothwendigkeit, dich genau zu kennen, damit ich meine Wohlthaten nach deiner Lage und deinen Verdiensten einrichte.

Emilie versprach sehr gern, was man von ihr forderte, und eine der stillen Abendstunden des künftigen Tages ward zu Ausführung einer Sache bestimmt, von welcher Lady Wilmore so viel Aufheiterung und Zerstreuung hoffte, und welche sie mit Willen auf die düstern Augenblicke der herankommenden Nacht verspart hatte, wo ihr nagender Kummer am meisten des lindernden Balsams bedurfte.

Neuntes Kapitel.

Entdeckung.

Emilie machte sich auf wiederholte Einladung der diesen Tag außerordentlich schwachen Herzogin gefaßt, eine Geschichte zu erzehlen, in welche sie durch Zeichnung so mancher lächerlichen Charaktere, die ihr in ihren kurzen Leben aufgestoßen waren, Lebhaftigkeit genug zu bringen hoffte, um ihres Zwecks bey ihrer Zerstreuung suchenden Freundin nicht zu verfehlen; doch war sie genöthigt, der Erzählung ihrer Begebenheiten einen traurigen Anfang zu geben.

Vielleicht, sagte sie, wird all das Wohlwollen, womit mich die edelste meiner Freundinnen beehrt, ein schnelles Ende nehmen, wenn sie den dunkeln Ursprung meines Lebens erfährt, und besorgen muß, ihre Wohlthaten an einem Abkömmling der Schande und des Verbrechens zu verwenden.

Mein Kind, erwiederte Lady Wilmore, solltest du in der That glauben können, daß ich dir das entgelten lassen würde, woran du unschuldig bist? Rede Liebe, nenne deine Eltern, und wären sie die geringsten und verworfensten unter den Menschen, doch werde ich dich schätzen; denn wenigstens muß deine Erziehung edel gewesen seyn, und ich kann in einem Herzen wie das deine keinen früh ausgestreuten Samen des Lasters ahnden.

Und was werden ſie ſagen, wenn ich ihnen geſtehe, daß ich meine Eltern nie kannte, und die Fortdauer meines Lebens ſamt der guten Erziehung, die ich würklich erhielt, blos der Hand der Freundſchaft zu danken habe?

Du haſt deine Eltern nicht gekannt? — Emilie? — Gott, wie mich das erſchüttert! — doch ja, du willſt ſagen, nicht perſönlich gekannt; ihre Namen weißt du gewiß zu nennen.

Nein, Mylady, ſie halten mich für glücklicher als ich bin. Ich bin ein armes in die Welt geſchleudertes Geſchöpf, ohne Freunde und ohne Namen. Der Namen Reinolds war die freie Wahl meiner Pflegemutter, wie ſie mir tauſendmahl geſagt hat, und vielleicht hat es mit dem Namen Emilie, der ihnen ſo verhaßt iſt, die nehmliche Bewandtniß, und ich kann ihn alſo ablegen, wenn ſie belieben.

Emilie bemühte ſich, bey dieſer Stelle zu lächeln, aber Lady Wilmore lächelte nicht; ſondern ſie richtete ſich hoch von ihrem Sitz auf, und beſchwur ihre junge Geſellſchafterin auf die feierlichſte Art, ihr nichts zu verſchweigen, ſondern ihr alles zu ſagen, was ſie von ihrer Herkunft wiſſe.

Meine Eltern, erwiederte ſie, dieſe Eltern, die, wenn ſie noch leben, mich verlaſſen, waren, wie man mir geſagt hat, Perſonen von erſtem

Range

Range, aber ihre Namen hat meine Pflegemutter, Mistris Davson, mit ins Grab genommen.

Mistris Davson? schrie die Dame, indem sie mit außerordentlicher Bewegung aufsprang, Mistris Davson? O Emilie! Emilie! o mein weissagendes Herz! — Komm, komm an meinen Busen, du bist mein Kind! — Doch was sage ich? du bist es nicht! geh, geh! entferne dich den Augenblick! komm nie wieder vor mein Gesicht! bedenke, was man sagen würde! vielleicht hat man uns schon behorcht! Geh, siehe zu, ob die Thür verriegelt ist, und komm denn wieder.

Emilie dachte nicht an Verrieglung der Thür, und an nichts was ihr befohlen wurde, sie war zu den Füßen ihrer Mutter gesunken, glaubte, was man ihr sagte, ohne Beweis, und weinte ihre Gefühle in sprachloser Entzückung aus. Aber die Dame stampfte mit einer wüthenden Mine, die Emilie noch nicht an ihr gesehen hatte, mit dem Fuße, und gebot ihr, augenblicklich zuzusehen, ob sie behorcht würden, oder sie auf immer zu verlassen.

Miß Reinolds, fing Mylady von neuem an, als Emilie zurückkam, ich habe da eine seltsame Rolle vor ihnen gespielt, und ich hoffe nicht, daß sie etwas von dem, was ich ihnen gesagt habe, für Wahrheit nehmen werden. Doch ist die Sache ernsthaft, und verlangt würklich eine genaue Untersuchung, und ich fordere sie auf, mir jeden kleinen Umstand ihrer ersten Lebensjahre zu entdecken; mit dem Versprechen, sie nicht wieder auf eine so alberne Art wie vorhin zu unterbrechen.

Die zitternde Emilie gehorchte, ob ihr gleich das Uebermaaß von Gefühlen, und die Furcht, sich in der süßesten aller Hofnungen getäuscht zu haben, kaum den Gebrauch der Sprache ließ.

Die geforderte Erzählung, die Beantwortung tausendfacher Fragen lief endlich, die beängstigte Dame mochte noch so sehr die mütterlichen Gefühle zu ersticken streben, auf Verneuerung des Geständnisses hinaus, das Musik in Emiliens Ohren war, und sie aufs neue halb ohnmächtig vor Freude zu den Füßen ihrer Mutter stürzte.

Ja, rief sie, du bist es, du bist meine Tochter! aber still! still! daß niemand uns belausche! Mäßige dein Entzücken, ums Himmels willen mäßige es, oder du machst mich unglücklich! Deine Mutter, deine zärtliche unglückliche Mutter bin ich, aber keine Seele darf es wissen. Ich will dir alles sagen, nur daß niemand uns belausche!

Niemand, niemand, meine theure Mutter, als die Engel, die über unsere Freude triumphiren!.

Die Engel? mich dünkt, auch die sollten von dem geheimsten aller Geheimnisse nichts wissen. — Und Mutter? — Nein, Mutter darfst du mich freylich nicht nennen, wenn du mich nicht verrathen willst!

Sie nicht Mutter nennen? nicht ganz leise den theuresten süßesten aller Namen aussprechen? Sie nicht auf meinen Knien um ihren Segen bitten?

Nun ja doch, wenn du nicht anders willst, nur daß es heimlich geschehe. O steh auf! steh auf, süßes himmlisches Mädgen! Gott! so ein Kind haben, und es verstoßen, so viel Jahre lang nicht nach ihm fragen! Giebt es eine größere fluchwürdigere Sünderin als ich bin? o ich verdiente all das Herzeleid, das ich an meinen andern Kindern erlebte! verdiente sie zu verlieren, und auf tausendfache Art durch sie gekränkt zu werden; aber nun, nun wird der Fluch ja aufhören! Sage mir, Kind, kannst du, wirst du mir vergeben? wirst du nun den Fluch von deiner unglücklichen Mutter nehmen?

Madam! ich ihnen fluchen? ich ihnen vergeben? nie that ich das erste, und das andere ist bey diesem liebevollen Herzen, das nie wider sie murrte, unnöthig. Mistris Davson hat mir genug gesagt, daß sie nicht anders konnten.

Das sagte sie? o komm Kind, entdecke mir alles, was du von ihr erfuhrst. Aber bey deiner Liebe zu mir, sprich leise, daß ich nicht ein Raub der Schande und des Elends werde!

Emilie strebte durch tausend Schmeicheleien ihre unglückliche Mutter zu beruhigen, und erzählte ihr denn umständlich jede Kleinigkeit, die sie aus Mistris Davsons Munde hatte, und Lady Wilmore war jetzt gefaßt genug, ihr aufmerksam zuzuhören und verständig zu antworten.

Ja, erwiederte sie, alles was dir diese gute Frau, meine ehemalige Hofmeisterin, sagte, ist pünktlich wahr. Höre nun den Erfolg meiner traurigen Geschichte von dem Zeitpunkt an, da ihre Nachrichten aufhörten. Ja, ich liebte deinen Vater, liebte den theuren Melville so sehr als ein weibliches Herz je geliebt hat; auch entehrte die Liebe zu ihm meinen Stand nicht, denn er war ein Abkömmling einer der edelsten schottländischen Familien, ein Jüngling von den größten Hofnungen; — war? sage ich, ach vielleicht lebt er noch, und ist so elend als ich! Diesen Mann, diesen Melville liebte ich hinlänglich, ihm meine Tugend aufzuopfern, aber nicht meinen Stolz. Rang und Größe liebte ich mehr als ihn. Es war mir unmöglich, ihm zu Liebe alle meine großen Erwartungen aufzugeben, und sein kleines Glück mit ihm zu theilen. O hätt' ich, hätt' ich das gethan, so wär ich glücklich gewesen! Ich wär schuldlos in seinen Armen gestorben, da jetzt eine Last von Verbrechen auf meiner Seele liegt, die mir fast unerträglich wird. O mein Kind, nimm die Warnung aus dem Munde deiner unglücklichen Mutter an: verlaß n e die Pfade der Tugend, damit du nicht so unglücklich werdest als ich bin. Kein Glanz, keine Größe kann die verborgenen Wunden eines blutenden Gewissens heilen. — O Emilie! Emilie! — doch nein, nicht diesen Namen, den ich dir bey deiner Geburt weinend gab, und der mir seit dem, so oft ich ihn hörte, eine donnernde Erinnerung an mein Verbrechen war, so wie der Name Eduard, den dein verlaßner Vater führte! O wie ward ich von meinem Eduard geliebt! wie drang er in mich, seine Gemahlin zu werden! hätte er mich zu meinem Glück zu ingen können, er hätte es gethan! Aber ich hörte nicht; der Teufel, Ehrgeiz betäubte mich; dieser Furie der Hölle opferte ich mein Glück, meine Ruhe, meinen Eduard und meine Emilie! dieser scheußliche Götze ist die Ursache all meiner Vergehungen! Aber horch einmal, Kind, ich glaube, es kommt jemand! O Himmel! Himmel! ich bin verloren!

Die Wuth streitender Leidenschaften beraubte die unglückliche Frau hier auf einige Minuten des Bewußtseyns. Unzusammenhängende Worte, gebrochene Töne, wüthende Blicke und konvulsische Bewegungen wechselten schrecklich mit einander ab. Emilie von eben dem Schmerz durchdrungen, doch sanfter wie sie in ihrem Kummer, war um sie mit aller Angst beschäftigt, welche Pflicht, Liebe und Entsetzen in ihrem Herzen hervorbringen konnten.

Nach einer kurzen Pause riß sich die Ohnmächtige von ihrem Bette, auf welches sie ihre unglückliche Tochter gebracht hatte, hastig empor, und stieß Emilien auf die Seite. Fort! schrie sie, du sollst es ihm nicht sagen, ich selbst will reden, wenn er alles wissen muß! aber warum, warum muß er es denn erfahren? o sage, warum? Hier schien ein heftiger Thränenstrom eine Rückkehr der Vernunft zu versprechen. Die Beklagungswürdige ward ruhiger, blickte die vor ihr kniende Emilie mit der ganzen Fülle mütterlicher Zärtlichkeit an, und bat sie, sich zu beruhigen, und ihr jezt alles zu sagen, was sich mit ihr nach Mistris Davsons Tode begeben habe.

Emilie that sich Gewalt, die verlangte Erzählung zu beginnen, aber sie konnte sie nicht lang ununterbrochen fortsetzen. O diese Mistris Davson, rief Lady Wilmore bey Erwähnung des Guten, das diese Frau ihrem Pflegekinde erzeigt hatte, diese Mistris Davson war dir mehr Mutter als ich! Wie ein grausames wildes Thier habe ich an dir gehandelt, und sie erndtet nun den Lohn mütterlicher Liebe, den ich mit Füßen trat, an meiner Statt in den Wohnungen des Himmels ein. O Schmerzen der Erinnerung, wie naget ihr an meiner Seele! Kind! Kind! wenn du je deinen Vater kennen lernst, so sage ihm von meiner bittern Reue, sage ihm, wie es mein Herz zerreißt, daß ich lieber die Elende, die ich jezt bin, als die schuldlose Gemahlin meines Eduards, die glückliche Mutter meiner Emilie werden wollte. Glaube mir, Liebe, mein Herz ist gebrochen, ich werde sterben, und bin noch so unbereitet zum Tode? — Aber Gott, mein Richter, warum soll ich denn so bald sterben? sterben noch eher, als ich für das beste und liebenswürdigste aller meiner Kinder gesorgt habe? Mistris Davson verließ dir tausend Pfund, Emilie; deine vornehme und reiche Mutter wird dir nichts verlassen, wenn sie sterben soll. O hier, hier, brennen die Qualen der Verzweiflung! brich nur armes Herz, daß meines Leidens ein Ende werde!

Emilie bemerkte, daß ein neuer Anfall von Wuth zu besorgen war, und das Entsetzen benahm ihr fast selbst alle Besinnungskraft. Sie faßte sich so gut sie vermochte, und sagte alles, was sie vor Seufzen, Schluchzen und Thränen vorbringen konnte, um die arme Leidende zu beruhigen. Was ihr Zureden nicht vermochte, das that endlich die Ermattung. Lady Wilmore sank auf ihr Bette zurück, und blieb über eine Stunde ohne Empfindung.

Emilie hätte die Welt darum gegeben, jemand zu Hülfe rufen zu können; aber wie durfte sie es wagen, da ihre verzweifelnde Mutter jeden Zeugen ihrer Leiden scheute, und bey Erblickung mehrerer Personen ihre Anfälle vielleicht heftiger als vorhin bekommen haben würde; auch Emiliens eigener Zustand war nicht so, daß sie sich vor irgend jemand sehen lassen durfte, ohne Ahndung außerordentlicher Dinge zu erregen!

Mitten in dieſer peinlichen Lage kam Myladys Kammerfrau, welcher es befremdete, ſo
lang nicht gerufen worden zu ſeyn, und klopfte
leiſe an die verſchloſſene Thür. Emilie ſagte
ihr, ihre Gebieterin wolle verſuchen, ein wenig
zu ſchlafen, und ſie möchte in das Nebenzimmer gehen, um auf den erſten Ruf bey der Hand
zu ſeyn.

Mylady, ſagte ſie hierauf, indem ſie ſich
zu ihrer Mutter wandte, dürfte ich nicht auf
mein Zimmer gehen, und meine Bewegung, die
ich kaum mehr aushalten kann, mit dem Vorwand der Unpäßlichkeit verdecken?

Wie? mich verlaſſen? o bleib, mein Kind,
ich kann es nicht ausſtehen, mit mir ſelbſt allein
zu ſeyn. O Emilie! Emilie! willſt du mich
hülflos laſſen?

Madam, erwiederte die weinende Emilie,
wollen ſie es wagen, mich in dem gegenwärtigen Augenblick in Beyſeyn anderer Perſonen,
deren Hülfe ſie nöthig haben, um ſich dulden?
Ich fühle es, ich muß mich, wenn nicht das
ganze Geheimniß entdeckt werden ſoll, auf kurze
Zeit entfernen; auch auf lange Zeit, wenn ſie
befehlen. Ihre Ruhe, ihre Ehre iſt mir ſo theuer, daß ich ihr mit Freuden mein Glück auf-
opfere. Ich werde ſie lieben und verehren, aber
entfernt von ihnen, weil ich in der Nähe meinem eigenen Herzen nicht trauen darf.

‘Mich lieben? mich verehren? — Nein Kind, das kannst du nicht! doch in dem Uebrigen hast du recht! Geh nur, geh geschwind! oder ich bin verrathen und verloren! — Gott! es ist doch nicht schon jemand im Zimmer?

Wahrhaftig, nein Madam!

Aber es sind nicht zehn Minuten, daß ich dich mit jemand sprechen hörte!

Ich sprach mit ihrer Kammerfrau durch das Schlüsselloch.

O du Schlange! so bin ich verloren! schrie die Wahnsinnige, indem sie aufsprang, Emilien bey der Gurgel faßte, und zu Boden warf. Ich weis gewiß, du hast ihr alles gesagt!

Emilie strebte eine lange Weile vergebens sich los zu machen, aber endlich ließ die mattwerdende Wilmore selbst von ihr ab, riß das unglückliche Mädgen, das sich zu ihren Füßen in Thränen badete, empor, und drückte sie mit wüthender Zärtlichkeit an ihren Busen.

Liebstes! bestes! unschuldigstes aller Kinder! schrie sie, habe ich dich verlezt? — O ich habe dir vielleicht den Tod gegeben! dies fehlte noch, meine Verbrechen zu krönen! — Ich bitte dich, Emilie! knie nicht mehr vor deiner unglücklichen Mutter! mir ziemt es, vor dir zu knien, und deine Verzeihung für all das tausendfache Unrecht, das du von mir erlitten haſt, zu erſtehen.

Emilie hatte alle ihre Kräfte, Bitten und Thränen nöthig, die ſchwärmende Wilmore von einer unnatürlichen Demüthigung abzuhalten. Beyde ſchloſſen ſich jezt feſt in die Arme, und eine Pauſe erfolgte, welche durch Empfindungen ausgefüllt wurde, die für jeden Ausdruck unerreichbar ſind.

Das Geräuſch von Kommenden auf der Treppe ſchreckte jezt die Dame aus ihrer ſüßen Betäubung auf. Sie ſtieß Emilien von ſich, und gebot ihr, den Augenblick zu gehen, und über alles, was vorgegangen ſey, ein unverbrüchliches Stillſchweigen zu beobachten.

Emilie, ob ſie gleich Entdeckung dieſer Dinge ſo ſehr fürchtete als ihre Mutter, zögerte doch, ihren Befehl zu erfüllen. Wie konnte ſie es wagen, eine Perſon, die ihres Verſtandes nicht mächtig war, und welche fähig geweſen wäre, an dem Rande der Verzweiflung, wo ſie ſich befand, etwas wider ihr eigenes Leben vorzunehmen, wie konnte ſie es wagen, eine ſolche allein zu laſſen? Doch ſie fand, daß ihre Gegenwart nur dazu diente, das Wüthen ihrer Mutter zu vermehren, ſo entſchloß ſie ſich, zu gehen. Sie ſchlang noch einmal den Arm um den Nakken der Leidenden, nannte ſie noch einmal bey dem ſüßeſten aller Namen, zog den Riegel von der Thür, klingelte der Kammerfrau, und ent=

floh aus einer Nebenthür durch einen weiten Umweg nach ihrem Zimmer, wo sie sich verschloß, und sich in einem Zustande, der der Ohnmacht ähnlich war, auf ihr Bette warf.

Zehntes Kapitel.

Untergang aller schönen Hofnungen.

Lady Wilmorens Krankheit, welche schon durch die verständigsten Aerzte zu Bath, ungeachtet der anscheinenden Besserung, für unheilbar erklärt worden war, erhielt durch das, was diese Dame in den lezt verflossenen Stunden erlitten hatte, einen fürchterlichen Zuwachs. Sie hatte auf angenehme Zerstreuung in der Geschichte gehoft, die sie von Emilien forderte, und dieselbe ward die Veranlassung zu einer Entdekkung, die sie in Todesangst stürzte, und der Grund zu einem Zustand, den man sich nicht kläglicher denken kann.

Ihre Kammerfrau fand sie in einem Anfall von hitzigen Fieber, der sich mit einem fürchterlichen Rasen endigte.

Emilie, Lady Wilmorens bisher unzertrennliche Gefährtin, ward bald vermißt, und man schickte nach ihr. Man fand sie mit verhülltem Gesicht auf ihrem Bette, und sie bat, man möchte ihr Ruhe gönnen, weil sie mit wüthenden Kopfschmerzen befallen sey.

Myladys Kammerfrau schüttelte den Kopf, sie wußte, daß das junge Mädgen vor kurzem noch mit ihrer Dame eingeschlossen gewesen war.

Seltsame Reden von der Krankheit, die Emilien und die Herzogin fast zugleich befallen hatte, breiteten sich im Hause aus, unter welchen die wahrscheinlichste war, das junge Mädgen sey von der Dame in einem Anfall ihres Wahnsinns übel behandelt worden, und nur ihre Bescheidenheit hinderte sie, es zu gestehen.

Jederman im Hause außer Mistris Languish liebte Emilien, und jederman kam, sie zu besuchen, natürlicher Weise sprach man bei ihrem Bette von nichts als von Lady Wilmorens schlechten Zustand, und vermehrte dadurch das Leiden des armen Mädgens unglaublich. Ehe es Nacht war, kam Post, die Aerzte hätten Mylady für so schlecht erklärt, daß sie den Morgen nicht erleben würde. Emilie ward ohnmächtig, und bekam, als sie sich erhollte, heftige Fieberanfälle.

Lady Wilmorens Paroxismen dauerten ununterbrochen fort, auch waren die Dinge, die ihr in den Abwesenheiten ihres Verstandes entwischten, bedenklich genug; indessen da alle ihre Reden abgebrochen und ohne Ordnung waren, und über dieses niemand einigen Verdacht wegen der Wahrheit hatte, so blieben sie unbeachtet.

Emilie ward unabläßig von ihr gerufen, und mit dem Namen Tochter beehrt, welches niemand auffiel, da man gesehen hatte, wie schnell sie das junge Mädgen lieb gewann, und alles auf die Rechnung einer launigen Zuneignng schrieb. Ihre ängstlich geäußerte Besorgniß wichtiger Entdeckungen, und die Furcht vor künftigen Strafen hätte mehr Aufmerksamkeit erregen können, wenn nicht die seltsamen Phantasien unglücklicher Personen von ihrer Art bekannt wären.

Emilie war sehr krank, doch gönnte ihr der Himmel den Gebrauch ihrer Vernunft, sonst hätte man vielleicht aus ihren und ihrer Mutter Phantasien ein Ganzes bilden können, welches Dinge, die nun jedermann ein Räthsel blieben, auf einmal aufgelößt hätte.

Das unglückliche Mädgen litt unbeschreiblich. Gern hätte sie sich noch einmal zu den Füßen ihrer sterbenden Mutter geworfen, aber wenn sie auch nicht durch Krankheit auf ihrem Bette fest gehalten worden wär, hätte sie es denn wagen dürfen, vor ihr zu erscheinen? würde ihr Anblick nicht entweder Entdeckung des großen Geheimnisses, oder Beschleunigung des Todes ihrer Mutter nach sich gezogen haben? —

Sie wandte alle Augenblicke, da sie sich von ihrer großen Mattigkeit ein wenig erholte, an, ihr eigenes trauriges Loos zu beweinen, und den Himmel um Rettung für ihre gequälte Mut=

ter anzusehn. Ihr Gebet wurde erhört, wie wohl auf andere Art als sie wünschte. Des Morgens gegen vier Uhr nach einer ganz ruhigen und schmerzlosen Stunde gab Lady Wilmore den Geist auf, und wurde auf einmal der Qualen entnommen, die ihr das Leben so traurig, und den Tod so erwünscht gemacht hatten.

Frau Norton war die Person, welche Emilien die Trauerpost brachte, und eine zweyte Ohnmacht stürzte sie bey Anhörung derselben nieder. Die Mühe, die sie sich gab, als sie zu sich selbst kam, ihre außerordentliche Bewegung über das Schicksal der großen Dame zu entschuldigen, hätte da erst derselben ein befremdendes Ansehen geben können, wenn man nicht geglaubt hätte, das Ganze schon vollkommen zu wissen.

Es ist ja bekannt, sagte Frau Norton, daß Miß gestern bey Myladys plözlichem Anfall allein bey ihr im Zimmer waren, und es mag nun da übrigens vorgegangen seyn, was da wolle, so ist so viel gewiß, daß heftiges Schrekken die Ursach ihrer Krankheit war, welches freilich durch die Nachricht von Myladys plözlichem Tode! erneuert werden mußte. Aber ich bitte, gute Miß, geben sie sich zufrieden, und erlauben sie, daß Herr Doktor Hopeleß sie besuche, welcher eben bey Mistris Languish ist, so wird alles gut werden.

Emilie bat nur um Ruhe und Einsamkeit, die man ihr auch endlich zugestand. Sie fragte nach Magot, aber diese war gleich nach dem Tode der Herzogin nach Wilmorehall abgegangen, Mistris Wildhalm und die kleine Betsi abzuholen, und sie, ohne vorher R.. wieder zu besuchen, nach ihren Gütern in Kennt zu bringen. Miß Magot gehörte unter diejenigen Personen, welchen man nur etwas neues in den Weg werfen darf, um das alte gänzlich in Vergessenheit zu bringen. Ihre Freundschaft für Emilien war schon fast zwey Monate alt, hingegen die großmüthige Verwendung für Mistris Wildham war ihr viel neuerlicher in den Sinn gekommen. Der Gedanke an einen eingebildeten ehemaligen Liebhaber kam dabey mit in Anschlag, und es war also kein Wunder, daß sie Emilien der kalten Vorsorge Mistris Languishs überließ, um ihren neuen Planen nachzueilen.

Emilie brachte verschiedene Tage in der Einsamkeit ihres Zimmers zu. Ihre Jugend und gute Natur machten, daß ihr Körper sich wieder erhohlte, aber das Gemüth blieb krank. Die Erschütterung war zu heftig gewesen! welch ein Gefühl, endlich ein lang gewünschtes Gut, dessen Erlangung man sich kaum zu hoffen getraute, vor sich zu sehen, und nach einem Genuß von wenig Augenblicken seinen Verlust auf die grausamste Art erfahren! Doch konnte auch Emilie sich rühmen, das Vergnügen, Tochter zu seyn, und eine Mutter zu umarmen, nur Augenblicke lang ungeübt genossen zu haben? Mit was für schrecklichen Umständen war die Endeckung ihrer Geburt verbunden! Freude und Hofnung hatten noch nicht Zeit gehabt, sich ihres gequälten Herzens zu bemächtigen, so vernichtete der Tod auf einmal alle ihre Aussichten, und benahm ihr auch das glückliche Vielleicht, daß sich einst in den Armen der Urheber ihrer Tage über vergangene Leiden würde trösten können. Ihre Mutter war dahin, ihr Vater in entfernten Weltgegenden wahrscheinlich längst ein Raub des Todes geworden. Dessen, was sie von ihrer Herkunft wußte, durfte sie sich nicht einmahl rühmen, um die Asche ihrer Mutter nicht mit Schande zu beflecken, und ihren Fluch noch nach ihrem Tode auf sich zu laden. Traurige, traurige Betrachtungen! welche durch die Abführung der geliebten Leiche, und das damit verbundene Trauergepränge, davon ihr auf ihrem einsammen Zimmer mehr zu Gesichte kam, als gut war, fast zur Verzweiflung erhöht wurden. Sie sahe einen traurenden Gemahl, der der Urheber mancher Leiden der Verstorbenen gewesen war, sah die in Krep gehüllten Kinder, welche gekommen waren, den Gebeinen ihrer Mutter die letzte Ehre zu erzeigen, und ihr Auge wandte sich mit Unwillen von ihnen hinweg. Sie glaubte, niemand habe der theuren Sterblichen näher angehört als sie selbst, sie trauerte, sie nur im Stillen beweinen zu dürfen, und beneidete jenen die Ehre, dem Sarge als Leidtragende zu folgen, besonders, da sie in ihren Minen nicht einen Funken von jenem Kummer entdeckte, der ihr eigenes Herz zernagte.

Emi=

Emilie bat, als sie nach geendigten Trauerceremonien zuerst aus ihrem Zimmer hervorging, bey Mistris Languish um ihre Entlassung, und erhielt sie um so viel leichter, da der Gemahl dieser Dame, der ihrer Entfernung vielleicht Hindernisse in den Weg gelegt haben möchte, nicht anwesend war. Herr Languish besaß die Schwachheit mehrerer Menschen, die den kleinsten Gedanken an das gemeine Loos der Sterblichen nicht aushalten können; er war nicht im Stande, eine Stunde lang in einem Hause zu bleiben, wo eine Leiche war. Gleich den Morgen nach Lady Wilmorens Ableben hatte er sich entfernt, und es verging ein Monat, ehe er seine Villa von den Schrecknissen des Todes hinlänglich gereinigt hielt, um sie wieder zu betreten.

Gute Miß Reinolds, sagte die redliche Norton beym Abschied von Emilien, ich beklage sie, sie erhalten schlechten Lohn für ihr gutes Herz; aber im Grunde haben sie unweise in gewissen Dingen gehandelt, die mir nicht so verborgen sind als sie wohl denken mögen. Daß sie Mistris Languishs Huld durch unzeitige Besorgniß für andere verloren haben, möchte nun wohl noch das geringste Uebel seyn, aber Miß Magot würde sie nicht gelassen haben, und sie hätten glücklich bey ihr leben können, hätten sie ihr nicht selbst ein neues Spielzeug in den Weg geworfen. Bei Mistris Wildhams Gesellschaft, die ihr freilich besser zu schmeicheln weis, als sie etwa thun würden, vermißt sie ihren Umgang nicht, sie zieht mit ihr davon, und denkt nicht daran, daß der großmüthige Antheil, den sie an diesen Dingen gehabt haben, doch wenigstens eine kleine Sorgfalt für ihr Schicksal verdiene.

Emilie sagte nichts zu diesen wahren Bemerkungen, sie nahm blos freundlichen Abschied von der verständigen Kammerfrau, und eilte nach London, um von dem Erbieten Gebrauch zu machen, das ihr Mistris Easy vor kurzen gethan hat, sie möchte sich, im Fall sie ihre gegenwärtige Kondition verlassen müsse, ihrer Zimmer bey Frau Koleman so lange bedienen, bis sie eine neue Stelle für sich ausfindig gemacht habe.

Eilftes Kapitel.

Neue Aussichten.

Frau Kolemann empfing Emilien mit gutherziger Freundlichkeit, und fragte voll zärtlicher Besorgniß nach der Ursache ihres so sehr veränderten Ansehens; aber Emilie, die kaum mit ihrem Gewissen einig werden konnte, ob sie ihrer Vertrauten, Mistris Easy, etwas von den geheimen Leiden ihres Herzens würde entdecken dürfen, fertigte die theilnehmende Fragerin blos mit der Antwort ab, sie sey krank gewesen, befinde sich noch jezt kaum leidlich, und könne völlige Wiederherstellung blos von Veränderung der Luft hoffen.

Und sie haben also Mistris Languish verlassen? sagte Frau Kolemann.

Ich mußte, liebe Freundin! erwiederte Emilie. Zwar bin ich ihnen den herzlichsten Dank schuldig, daß sie mich in ein Haus brachten, das in mancher Betrachtung so große Vorzüge hat, aber sie wissen selbst: Mistris Languish ist von einer so traurigen Gemüthsart, daß ich es nicht länger bey ihr aushalten konnte, ohne für meine eigene Ruhe zu fürchten. Ich würde sehr glücklich seyn, wenn ich in eine muntere Familie aufgenommen werden könnte.

Frau Kolemann versprach, sich zu ihrem Besten alle Mühe zu geben, und that alles, was in ihren Kräften war, die Niedergeschlagene aufzurichten, welche die erste einsame Stunde zu einem Briefe an Mistris Easy anwendete, und den Rest ihrer Zeit, Seufzern, Thränen und schmerzhaften Erinnerungen weihte. Das Andenken an ihre unglückliche Mutter, und die Erwägung ihrer Leiden zog eine Wolke von finsterer Schwermuth über ihr Gemüth zusammen, und veränderte sie so sehr, daß Mistris Easy, welche bald darauf in London anlangte, in ihr die blühende und frohe Emilie kaum mehr erkennen konnte.

Was haben sie gemacht, mein Kind? schrie sie, indem sie sie in ihre Arme schloß, und was ist ihnen wiederfahren? Ihr zulezt an mich abgelassener Brief giebt mir nur dunkle Winke über die Ursache ihrer Entfernung aus Mistris Languishs Hause, aber sie müssen mir nun alles entdecken, müssen es thun, nicht zu Befriedigung meiner Neugierde, sondern zu Beruhigung ihres eigenen Herzens.

Emiliens Herz war zu voll, um nicht überzufließen, und Mistris Easy erfuhr alles. Sie tröstete und bestärkte sie in dem Entschluß, das Geheimniß ihrer Mutter unverlezt zu bewahren. Entdeckung ihrer Geburt sagte sie, würde jezt, da die einige Zeugin der Wahrheit nicht mehr ist, ohne allen Nutzen seyn. Sie würde Unruhe in der Familie erregen, würde dem Andenken der unglücklichen Lady Wilmore einen Flecken anhängen, und für ihr Bestes dennoch ganz vergeblich seyn. Es ist eine betrübte Sache, aber sie dürfen ihrem Kummer darüber nicht nachhängen. Sie haben ihre Schuldigkeit gethan, und müssen der Erinnerung an so traurige Scenen nun allmählich gute Nacht geben. — Kann dies etwas zu Linderung ihres Grams beytragen, so wissen sie, daß ich ihnen eine Kondition vorzuschlagen habe, die ihnen nicht unannehmlich seyn wird, und sie über das, was sie an der Stelle in Languish Hause verloren haben, völlig trösten kann.

Einer von meinen alten Bekannten hat eine Tochter, die nun ohngefehr drey oder vier und zwanzig Jahr alt seyn wird, und die mir darum doppelt lieb ist, weil sie, so zu reden, unter meinen Augen heranwuchs, und ihre vornehmste Bildung von mir erhielt. Sie besizt bey einer auszeichnenden Schönheit, die ich, verzeihen sie liebes Mädgen, der ihrigen wenigstens an die Seite sezen wollte, ein gutes Herz und einen muntern Geist, den sie bey den wachsenden Jahren und den wunderlichen Launen eines grillenhaften Vaters hoch nöthig hat, um nicht ganz unglücklich zu seyn. Doch fühlt sie ihre unangenehme Lage hinlänglich, um sich eine unterhaltende Gesellschafterin zu wünschen, und als sie mir kurz nach Empfang des lezten traurigen Briefs von meiner lieben Emilie hierüber schrieb, so habe ich die Gelegenheit wahrgenommen, sie zu empfehlen, weil ich wohl wetten wollte, daß das Wohlgefallen zwischen ihnen und ihr gegenseitig seyn wird. Sollte meine Hofnung hierin eintreffen, so kann es geschehen, daß ihre neue Stelle binnen kurzer Zeit noch angenehmer werden wird.

Lady Sara Dorset steht, wie sie mir heute schreibt, im Begrif, sich an einen jungen Mann von Stande zu vermählen, dessen Bekanntschaft sie diesen Winter über zu Bath gemacht hat. Kommt die Partie zu Stande, und gefallen sie der jungen Dame hinlänglich, um in ihrem Hause zu bleiben, so können sie sich wohl vorstellen, daß sie bey einem jungen neu-

vermählten, das Vergnügen liebende Paar glück=
lichere Tage sehen werden, als im Hause der
träumerischen Mistris Languish. Ein Umstand gefällt mir nicht ganz. Lady Sara schreibt mir, der
Geliebte ihres Herzens sey ein gebesserter Wüst-
ling, und will mir darum, weil ich ihn kennen
soll, und ihr von der Verbindung mit ihm ab=
rathen möchte, seinen Namen nicht nennen.
Nun besinne ich mich unter meiner weitläuftigen
Weltbekanntschaft auf keinen jungen Ausschweifenden, zu dessen Besserung ich ein großes Zu=
trauen haben könnte, und möchte also wol Bedenken tragen, ein Mädgen wie sie in ein Haus
zu bringen, wo vielleicht neue Abentheuer ihrer
warten könnten; aber ich habe ihrer eher gegen
Lady Dorset gedacht, als ich diesen Umstand erfuhr, ich kann mein Wort nicht zurücknehmen,
und meine Zweifel nicht ohne Beleidigung Lady
Sarens gestehen; wir müssen es also schon ver=
suchen. Uebrigens ist so viel gewiß, daß, wenn
irgend jemand ein verwahrlostes Herz zu fesseln,
und zu bessern vermag, so ist es diese junge Dame, und da sie mit einer Schönheit, die der
ihrigen gleich ist, noch einen Grad von Geist und
Munterkeit verbindet, der ihnen fehlt, so ist nicht
zu befürchten, daß sie an ihrer Seite auf eine für
ihre Ruhe nachtheilige Art bemerkt werden sollten. Auf allen Fall nehmen sie ihre Zuflucht zu
jener Klugheit, die sie so glücklich zu Fairlymanor
leitete, und fliehen sie, beym mindesten Anschein,
daß ihr längeres Bleiben Unheil stiften könne.

Emilie lächelte über das, was ihr ihre Freundin sagte, und versicherte, daß sie sich hierinn so wie in allen andern nach ihrem Rath richten wolle, und daß sie die vorgeschlagene Stelle doppelt gern annähm, weil Lady Sara Dorset eine alte Bekannte, eine Schulgefärthin von ihr, und schon damals in der Kostschule für so eine vollendete Schönheit gehalten worden sey, daß sie gewiß wisse, ihre Reizungen würden neben den ihrigen nie in Betrachtung kommen.

Emilie erhielt in der Zeit, da sie sich zur Abreise schickte, Briefe aus Beltonhall von Miß Magot und Mistris Wildham; die lezten waren mit den zärtlichsten Danksagungen angefüllt, für die großmüthige Verwendung zum Besten einer Unbekannten. „Sagte mir es nicht mein Herz‘ (so schrieb sie,) „daß ich in meiner reizenden Reisegefärthin eine theilnehmende Seele für fremdes Leiden finden würde? wie hätte ich es sonst wagen können, ihnen die Erzählung meiner traurigen Begebenheiten aufzudringen? und ahndete nicht selbst die kleine Betsi in ihnen ihre künftige Wohlthäterin? erinnern sie sich nur an die Worte des damals verlassenen Kindes, die ihr edles Herz so tief zu rühren schienen!

Miß Magot unterhielt Emilien in ihrem Schreiben mit dem Zustande ihrer beklagenswürdigen Schwester, deren Gesundheit durch Lady Wilmorens plötzlichen Tod einen so gewaltigen Stoß erlitten hatte, daß man jezt wirklich an

ihrem Aufkommen zweifelte. Emilie hatte sie
bey ihrer Abreise aus R**. schon krank verlassen,
und würde Bedenken getragen haben, sich in
diesem Zustande von ihr zu entfernen, hätte sie
nur den geringsten Wunsch, sie möchte bleiben,
in ihrem Herzen lesen, oder auf die entfernteste
Art hoffen können, ihr nützlich zu werden. Aus
Miß Magots Brief ergab sich, daß der Zustand
dieser unglücklichen Frau seitdem noch weit ver=
zweifelter geworden sey. Ihre kranke Einbil=
dungskraft hatte von der Art, wie Lady Wil=
more gestorben war, einen gefährlichen Eindruck
erhalten; sie glaubte seit dieser Zeit bey jeder
Gelegenheit Anfälle von Wahnsinn zu spüren,
und die Doktoren behaupteten, daß eine solche
Vorstellung, wenn sie zu lebhaft würde, leicht
die Würklichkeit nach sich ziehen könne.

Miß Magot beschloß ihren Brief mit einer
Einladung, welche Emilien ganz unerwartet
kam; sie bat sie, nach Kent zu kommen, und
daselbst nebst Mistris Wildham, die ihr mit
Entzücken entgegen sehe, mit ihr zu leben.

„Es würde mich außerordentlich beküm=
mern, (so schrieb sie) wenn sie mir meine Bitte
abschlügen, denn ich liebe sie wahrhaftig. Nie
sahe ich ein Mädgen, das zu gleicher Zeit so
hübsch war, und so wenig Eitelkeit besaß. Sie
wissen selbst, die meisten Frauenzimmer sind nur
von sich selbst eingenommen, so bald sie nur er=
träglich aussehen. Was mich anbelangt, ich
hatte nie diese Thorheit, ich war nie eine Be=

wunderin meiner Reize, und konnte immer nicht begreifen, was doch nur die Männer besonders an mir sahen. Ich habe doch wahrhaftig eben nichts ausserordentliches an mir, Miß Reinolds! und doch muß ich mich scheuen, einen Fuß vor die Thür zu setzen, weil die närrischen Pursche so hinter mir her sind. Gestern habe ich meine Kammerfrau fortgeschickt, weil sie diesen Unbescheidenen zu viel durch die Finger sieht. Können sie denken sie war unverschämt genug, mir zu sagen: alle Nachstellungen, die ich erfahren müßte, existiren nur in meiner Phantasie, und alle diese Herren kümmerten sich im Grunde wenig um mich. — Nun wahrhaftig, ich hab doch auch Augen, daß ich sehen kann! und ich weis nie in meinem Leben, daß ich mich in so etwas geirrt hätte. Ich verstehe die Augensprache auf ein Haar, mich kann niemand darin betrügen, mich nicht! durch Uebung muß man so etwas lernen, und die meisten meiner Bewunderer haben mir ihre Leidenschaft blos durch Blicke entdeckt. Ich besaß zu viel Stolz, zu viel feine Empfindung, um Erklärungen anderer Art dulden zu können. Worte können bey glühender Leidenschaft leicht anstößig werden, ein Händedruck dünkte mich immer eine viel zu große Freiheit und ein Kuß Gewaltthat zu seyn. Mir waren solche Dinge allezeit ein Abscheu, und o, daß alle junge Mädgens mir gleich wären, so würde es ihnen leicht werden, die Männer in gehöriger Entfernung zu halten, und man würde nicht so viel von Fehltritten hören!'

Wie wahr, o wie wahr sind diese lezten Worte! rief Mistris Easy, welcher Emilie diesen Brief mittheilte, mit großem Gelächter. Aehnlichkeit mit Miß Magot würde auf alle Weise die Tugend jedes Mädgens unverletzlich machen! Aber was wollen sie nun thun, meine Emilie, sie haben nun zwey Anträge für einen, wird Lady Dorset oder Miß Magot den Vorzug behaupten?

Die einige Einwendung, sprach Emilie, die ich wieder den Aufenthalt bey Lady Sara machen könnte, würde mich mit der eingebildeten Schreiberin dieses Briefs, die überall Gefahr für ihre Tugend ahndet, zu sehr in eine Reihe setzen, als daß ich ihr Gehör geben sollte; über dieses bin ich in den Verhandlungen mit der jungen Dame schon zu weit gegangen, um wieder zurück zu können, und es bleibt also bey meiner vorgenommenen Reise.

Mistris Easy billigte den Entschluß ihrer jungen Freundin, und man trennte sich zur bestimmten Zeit auf die Art, die bey zärtlichen Freundinnen gewöhnlich ist, und die also hier keine weitere Anzeige bedarf.

Zwölftes Kapitel.

Wenig Interessantes.

Eine nach Verhältniß kurze und glückliche Reise brachte Emilien nach Myrtlehall, wo der alte Lord Dorset dieses mal seine Wohnung aufgeschlagen hatte. Seine reizende Tochter, welche schon mußte, daß sie in ihrer neuen Gesellschafterin eine alte Bekannte finden würde, flog der Ankommenden ganz mit der Mine freundschaftlicher Vertraulichkeit entgegen, die zwischen beyden in ihren Schuljahren statt gefunden hatte. Alle Rücksicht auf ihren Stand und auf das Verhältniß, in welchem sie mit Emilien leben sollte, ward auf die Seite gesezt, und Lady Dorset war fest entschlossen, sich nie einen anderen Ton gegen ihre Gesellschafterin zu geben, als den, welcher vordem zwischen der jungen Sally und Emmy gewöhnlich gewesen war.

Indessen wurde sie doch durch Emiliens Anblick so überrascht, wie diese durch den ihrigen. Beyde hatten sich sehr geändert, und würden einander schwerlich wieder erkannt haben, wenn sie blos durch den Zufall zusammengebracht worden wären. Doch ihre Herzen waren unverändert geblieben, und die Erinnerung an eine Menge kleiner Vorgänge, die sie bey ihrem gemeinschaftlichen Aufenthalt in der Kostschule intereßirt hatten, stellte die alte Vertraulichkeit schnell wieder her.

Lady Dorset sagte ihrer Freundin, daß es nöthig seyn würde, sie ihrem Vater so bald als möglich vorzustellen, damit Verzögerung dieser Ceremonie kein Vorurtheil gegen sie in ihm errege. Ich werde, sezte sie hinzu, zu ihrer Vorstellung die heiterste Stunde meines Vaters, die Stunde nach seinem Mittagsschlaf, wählen, denn Mistris Easy wird ihnen gesagt haben, daß er ein wenig wunderlich ist, und daß man bey ihm dergleichen kleine Kunstgriffe wohl nöthig hat; aber lassen sie sich nicht bange seyn, und nehmen sie es nicht übel, wenn er ein wenig geradezu ist; jederman hat seine Schwächen und Eigenheiten, vornehmlich Personen, welche anfangen, die Last der Jahre zu fühlen; aber Lord Dorset ist im Grunde sehr gütig gegen alle, die sich zu seinem Hause rechnen, und findet, er mag selbst davon sagen, was er will, sein Vergnügen daran uns um sich zu haben und glücklich zu sehen.

Bey diesen Worten öfnete Lady Sara die Thür des Sprachzimmers, und ließ Emilien zu ihrem Vater eintreten, der auf einem altväterischen hochgepolsterten und hochlenichten Armstuhl saß, und keine Bewegung machte, sich zu erheben, sondern die Eintretende blos mit einem vertraulichen Kopfnicken begrüßte.

Das ist also das junge Mädgen, sagte er zu seiner Tochter, davon dir Mistris Easy geschrieben hat? Nun, nun, es scheint ja ein ganz gutes wohl aussehendes Kind zu seyn, und es muß mir lieb seyn, sie zu sehen. Aber gewiß, Jungfer, sezte er hinzu, indem er sich zu Emilien wandte, sie werden ein wunderliches Leben mit dem Tollkopfe da haben. Ich kann sie kaum bändigen, und ich bitte mir aus, daß ihr nur nicht etwa gemeine Sache mit einander machet, und närrische Streiche anfangt. Bin ich nicht ein alter Narr, mir zwey Mädgen für eine aufzuladen.

Aber wo ist denn die alte Easy, laßt sie doch hereinkommen, wenn sie da ist, sie schickt sich besser für mich, als das junge Zeug da, mit dem ich nicht mehr recht auskommen kann, es war anders, Jungfer, es war anders als ich jung war, das kann ich ihnen versichern.

Lady Sara sagte ihrem Vater, daß Miß Reinolds allein gekommen sey, und dieser versicherte, indem er unmuthig die Stirne rieb, daß dieses ein fataler Zufall für ihn sey, denn, sezte er hinzu, ich habe so viel über das große Mädgen zu klagen, daß ich nicht weis, wo ich anfangen soll, und doch kann ich mich nicht von ihr trennen als auf die besten Bedingungen. Da ist der alte Overi wieder hier gewesen, und hat mir den Kopf warm gemacht. Aber gehorsamer Diener, Mylord, entweder noch das Gut in Northamptonshire oder ihr Sohn und meine Tochter werden kein Paar.

Kommen sie, Emilie, sagte Lady Sara leise, sie verstehen von allen diesen Dingen nichts, aber ich will sie schon unterrichten; mich dünkt, wir können uns jezt entfernen, ohne bemerkt zu werden.

Nun wohin, ihr Mädgen? schrie Mylord, als er sah, daß sie sich entfernen wollten. Ists etwa Mylady nicht gefällig mit anzuhören, wie sauer es mir wird, sie an Mann zu bringen? Freilich, verschleudern will ich dich nicht, du sollst schlechterdings keinen haben, der weniger besizt als du einst haben wirst. — Mir wards mit deiner Mutter nicht so leicht gemacht, aber seitdem ich jung war, hat sich die Welt umgekehrt.; damals wars schwer, ein Weib zu bekommen; aber heut zu Tage, sagten die jungen Thiergen lieber gleich ja, so bald einer anfragt, wenn die Väter nicht klüger wären. Sally hier — ja ich will sterben, wenn die nicht schon seit fünf Jahren gern einen Mann hätte, und mit ihnen, Jüngfergen, wirds wohl auch nicht anders seyn.

Da haben sie Recht, Mylord, erwiederte Lady Sara lachend, Miß Reinolds hat gerade so große Eil zu ihrem Hochzeittage als ich.

Ja, ja, rief er, wie ich gesagt habe, ihr seyd alle von einem Schlage! doch geh nur Sally, und nimm, deine neue Gespielin mit in den Garten, und zeige ihr alle Seltenheiten, die ich habe, vornehmlich den Jagdsaal, hörst du, den Jagdsaal! — Ach Gott, daß auch diese Zeit für mich vorüber ist!

Die jungen Frauenzimmer entfernten sich, und Emilie erfuhr in wenig Stunden alles, was ihr in Mylords Reden hätte dunkel seyn können, und was Lady Saren, die als eine Liebende einer Vertrauten höchst bedürftig war, auf dem Herzen lag.

Emilie hatte ihrer Freundin Easy eine umständliche Nachricht von ihrem Empfange und den Angelegenheiten der geliebten Lady Sara versprochen, und unsere Leser werden also die beste Auskunft über das, was an diesem und einigen folgenden Tagen zu Myrtlehall vorfiel, in einem oder etlichen Briefen finden, die in diesen Angelegenheiten nach Kensington an Miß Reinolds Vertraute abgelassen wurden.

Dreizehntes Kapitel.

Emilie an Mistris Easy.

Der kleine Zettel, den ich in den ersten Stunden meines Aufenthalts zu Myrtlehall an sie, meine Theure, abließ, hat ihnen Nachricht von dem zärtlichen Empfang, den ich bey Lady Saren fand, und von meinem Glück gegeben, gleich in den ersten Augenblicken unsers Wiedersehens die Vertraute der jungen Dame zu werden. Keine große Sache bey einem verliebten Mädgen, wie sie gewöhnlich sind, aber sehr viel bey einem Frauenzimmer, wie Lady Sara, die ihre wahren Gefühle unter einer so dichten Hülle von muthwilliger Laune und verstellter Gleichgültigkeit zu verdecken weis, daß ich ohne ihr eigenes Geständniß nicht wissen würde, wie ich mit ihr daran wär. Hören sie zum Beweis ein Gespräch an, von welchem ich gestern Abend eine entfernte Zeugin war; denn ich bin zu gutherzig, um mich Liebenden auch selbst denn, wenn meine Gegenwart gefordert wird, zu nahe aufzudringen.

Wir hatten gestern eine mondhelle Nacht, und Lady Sara schlug nach dem Abendessen einen Spaziergang in den Park vor. Ich erwartete Klagen über getrübte Aussichten für ihre Liebe, denn über Tische war ziemlich ernsthaft von der Unmöglichkeit gesprochen worden, daß bey so bewandten Umständen etwas aus ihrer Verbindung mit Lord Frankair werden könne, und Mylord hat versichert, daß er bey der nächsten Erscheinung des alten Overy, des Geschäftträgers in dieser Sache, dem Vater von Sarens Geliebten würde melden lassen, daß er einen andern Bräutigam für seine Tochter im Sinne habe.

Lady Sara versicherte mit ihrer gewöhnlichen muntern Laune, daß sie hierzu nichts sagen könne, bis sie diesen andern Bräutigam gesehen habe, der ihr freilich, weil er ihr neu sey, sehr wahrscheinlich besser gefallen könne als Lord

Frankair. Lord Dorset nannte ihr einen alten Edelmann aus der Nachbarschaft, rühmte höchlich sein großes Vermögen und seine großmüthigen Anerbietungen, ohne daß dieses unerklärliche Mädgen sich darüberbewegte, oder einige Besorgniß sehen ließ.

Auch gegen mich blieb sie, als wir allein waren, auf gleicher Laune, und wir wandelten langsam die herrliche Ulmenallee hinab, die ihnen bekannt seyn wird, ohne uns über etwas als gleichsüchtige Gegenstände zu unterhalten.

Wir hatten kaum diesen Spaziergang zur Hälfte zurückgelegt, der durch das täuschende Mondlicht bey der außerordentlichen Höhe und Dicke der Bäume nur sparsam erhellt werden konnte, als wir eine Mannsperson uns entgegen kommen sahen, die, ohne auf mich zu achten, Mine machte, sich an Lady Sarens andere Seite anzuschließen.

Um Gottes willen, Lord Frankair! schrie sie, und zog sich zurück, was wollen sie hier? wissen sie nicht, daß unsere Väter ihrer Sache nicht einig werden können, und daß ich nächstens die Frau eines andern Mannes seyn werde? Ich bitte sie, gehen sie sogleich, denn wenn Mylord erfahren sollte, daß ich sie gesehen habe — —

Lady Sarens Handlungen widersprachen ihren Worten, denn sie hatte sich jezt eben gemächlich von meinem Arm losgemacht, und folg=

Reinold 2 Th. H

te ihrem neuen Gefährten, indem sie mich mit einem Wink bat, nicht fern zu bleiben. Ich folgte ihnen also in einiger Entfernung Schritt vor Schritt, und hörte Lord Frankair, wie mich dünkte, mit einer sehr bekannten Stimme antworten.

Himmel Madam! sollten sich unsere Väter wirklich überworfen haben? und können sie sich entschließen, sich nach ihren strengen Entschlüssen zu bequemen?

Wie kann ich denn wissen, ob ich nicht mit einem andern Manne glücklicher seyn würde, als mit ihnen? Sie scheinen in der That große Gedanken von ihren Vorzügen zu haben!

Ich kenne keine Vorzüge als in der Wahl, die ich an ihnen gethan habe, auch weis ich wohl, daß einst eine Zeit war, wo sie meinen Gelübden ewiger Liebe mit Vergnügen zuhörten, wo sie durch die Mühe, die sie sich gaben, mich von tausend Fehlern zu bessern, stillschweigend gestanden, daß ich ihnen nicht gleichgültig war. Sprechen sie, was habe ich gethan, um Veränderung ihrer Gesinnungen zu verdienen?

Kann ich etwas wider den Willen meines Vaters? Sein Beyfall war der Grund meiner Einwilligung; sein Mißfallen, — — denken sie sich das übrige. — Oder sehen sie nicht ein, daß sie mich wegen meines blinden Gehorsams desto höher schätzen müssen?

O jeder Augenblick vermehrt meine Achtung und meine Liebe gegen sie! Aber ist es billig, daß sie mit einem Herzen, das so ganz ihr eigen ist, so grahsam spielen?

Wohl wahr, Mylord! ich wundere mich über ihre Geduld! sie thun unrecht, sich so viel Mühe um diese grausame Tändlerin zu geben, und wär ich an ihrer Stelle, ich wollte mich dieser beunruhigenden Leidenschaft schnell entschlagen, und der leichtsinnigen Sara Dorset gute Nacht geben.

Sara! sie kennen ihre ganze Gewalt über mich! — Aber wollten sie mir nicht wenigstens in Einem nachsehen, wollten sie mir nicht wenigstens den Namen meines glücklichen Mitbuhlers nennen?

Hören sie, und erstaunen sie, rief Sara in einem feierlichen Tone, der künftige Gemahl von Lady Sara Dorset ist der hochbejahrte Sir Mortimer Belville! — was sollen wir nun thun? Soll ich mit ihnen davon laufen, um mich zu retten? oder wollen wir irgend ein anders Romanstückgen spielen, damit die bösen Väter nicht ihren Willen haben?

O meine Theure, schrie er, indem er sich zu ihren Füßen warf, nun höre ich, daß sie scherzen!

Nicht so sehr, Mylord, als sie denken, alles was ich ihnen gesagt habe, hat seine Richtigkeit.

Und können sie mir nicht ein kleines Trostwort zu sprechen?

Wenn ich ihnen nun sagte, daß, wenn ich auch nie einen Mann nehmen werde, den mein Vater mißbilligt, er mich doch auch nie zwingen soll, meine Hand demjenigen zu geben, der mir zuwider ist? könnten sie denn zufrieden seyn?

Wollen sie nicht lieber versprechen, nie eines andern zu werden als ihres Frankairs?

Wie kann ich das? gesezt nun, es gefiele mir einst ein anderer besser als sie? Unsere Neigungen sind nicht in unserer Gewalt, und ich kann nicht für mich gut sagen. Gegenwärtig zwar weis ich, daß ich sie allen Männern vorziehe, die ich je gesehen habe, so würde ich eine Thörin seyn, einem andern als ihnen die Hand zu geben. Vielleicht sind auch sie jezt der nehmlichen Meinung; aber wer kann für die Zukunft stehen? — Nun gute Nacht! gute Nacht! und gehen sie mir künftig nicht mehr hier in der Dunkelheit nach, sonst werden sie meinen Spaziergängen einen gewaltigen Zwang anlegen, denn sie wissen wohl, ohne den Willen meines Vaters werde ich sie nie sehen, welches ihnen im Grunde sehr wohl gefallen muß; denn eine gehorsame Tochter wird immer eine folgsame Frau.

Lord Frankair lag zu den Füßen der holden Zauberin, überdeckte ihre Hand mit Küssen, und suchte sie zurückzuhalten, aber sie riß sich los, nahm mich beym Arme, und wir eilten nach dem Hause zu, wo uns die späte Nacht und die Gegenwart von Lady Sarens Bedienten hinderte, über das nehmliche Abentheuer zu sprechen, welches, wie ich hoffe, morgen beym Frühspaziergange ausführlich geschehen wird.

O meine mütterliche Freundin! was habe ich ihnen für Dinge zu entdecken, und wie sehr bedarf ich ihres Raths! Blos von ihrer Entscheidung hängt es ab, ob ich meinen Aufenthalt zu Myrtlehall verlängern, oder irgend einen schicklichen Vorwand suchen soll, mich zu entfernen, ob ich reden oder schweigen, ob ich der Sicherheit, die man mir giebt, trauen, oder nach Weise der phantastischen Miß Magot fliehen soll, da mich niemand jagt!

Doch, sie verstehen von dem allen, was ich da sage, weniger als nichts, und ich muß ordentlich erzählen, wenn ich mich ihnen deutlich machen will.

Lady Sara und ich trafen uns auf diesem verabredeten Morgenspaziergange, und ich was voll Verlangen, Aufschluß über ihr seltsame, Betragen gegen einen Mann, den sie anbetete zu erhalten.

Was denken sie von meinem gestrigen Abentheuer? fing sie an, doch ehe sie mir dieses beantworten, noch eine Frage. Kennen sie meinen Geliebten? kennen sie Lord Frankair?

Seinen Namen hörte ich gestern zum ersten male, seine Gestalt mußte mir bey dem Mondlichte unkenntlich bleiben, aber seine Stimme, ich gestehe es, war mir nicht unbekannt.

Auch sollte mich es wundern, wenn sie ihnen unbekannt wär; sollten sie so lang zu Fairlymanor gelebt, und Mistris Freeloves Neffen nie gesehen haben?

Mistris Freeloves Neffen? wiederholte ich und ein Fieberfrost bebte durch alle meine Gebeine. Sir Georg Freelove kam mir augenblicklich in den Sinn, und sie, welcher ich nie ein Geheimniß aus meinen innersten Gefühlen machte, können es sich vielleicht vorstellen, was ich bey dem Gedanken empfand, den Baronet als den Geliebten meiner Freundin wieder zu finden, keine Umstände, keine Möglichkeiten kamen hier, wie bey heftigen Gemüthsbewegungen niemals geschieht, in Erwägung.

Ich verhehlte meine Unruhe dadurch, daß ich meine eben ausgesprochenen Worte noch einmal mit dem Tone der höchsten Befremdung wiederholte, und die Frage hinzu fügte, wie der Neffe der Dame von Fairlymaner so schnell in einen Lord Frankair verwandelt worden seyn möge.

Lady Sara erzählte mir weitläuftig von dem Tod eines Oheims, welcher dem jungen Herrn diesen Titel verschaft habe, und gab mir Gelegenheit, mich indessen zu fassen; aber jezt unterbrach sie sich schnell mit den Worten: da kommt er, Emilie! machen sie sich gefaßt, sich zu dem zu bequemen, was ich jezt von ihnen fordern will, es ist der erste thätige Beweis ihrer Freundschaft, den ich ihnen zumuthe, und ich höre keine Bedenklichkeiten, nehme keinen Abschlag an.

Wir hatten uns bey Anfang unserer Unterredung in eine der grünen Nischen gesezt, ich schlug jezt die Augen auf, und sah in der Ferne einen jungen Mann gegen uns daher kommen, dem meine Ueberzeugung von dem schlimmsten, was mir in diesem Augenblick hätte begegnen können, Sir Georgs völlige Gestalt lieh, und den ich erst, als er ganz nahe war, für Lord B. erkannte. Mehr als die Hälfte von meiner peinlichen Unruhe fiel hinweg, indessen blieb noch immer genug übrig, um mir ein so bestürztes Ansehen zu geben als mich bey jedem andern als bey der blos mit sich und ihrem Geliebten beschäftigten Lady Sara in einem sehr verdächtigen Lichte hätte zeigen können.

Lady Sara war diesen Morgen weniger launig als des vorigen Abends, und man sah wohl aus der Art, wie beyde Liebende sich empfingen, daß sie ihrer Sache völlig einig, und entschlossen waren, allen Hindernissen, die sich ihrem Glück entgegen sezten, Trotz zu bieten.

Die junge Dame unterrichtete ihren Liebhaber, den ich, im Vorbeigehen gesagt, sehr zu seinem Vortheil geändert fand von der wahren Lage ihrer Sachen, die nicht so gleichgültig war, als sie anfangs geschienen hatte. Sie hatte in vergangener Nacht durch vertraute Kundschafter so viel erfahren, daß ihr Vater im ganzen Ernst gesonnen sey, sie dem alten Sit Mortimer zu geben, oder wenigstens ihr seine Einwilligung zur Verbindung mit Lord Frankair hartnäckig zu versagen; wenn der alte Lord B.., der Vater des leztern, nicht in die schweren Bedingungen willigte, die er ihm vorgeschlagen hatte.

Lord Frankair wußte die Unbeweglichkeit seines Vaters in diesem Stück, und gab schlechte Hofnung; man trauerte, man überlegte, man tröstete sich mit einander, und endlich trat Lady Sara mit dem seltsamsten aller Vorschläge ans Licht, der sich denken läßt, und der mich in eine Verlegenheit setzen sollte, welche schwer zu beschreiben ist.

Lord Frankair, welcher mich die ganze Zeit über nicht bemerkt hatte, wurde jezt mir, und ich ihm vorgestellt. Auf seinem Gesichte mahlte sich bey meinem Anblick die nehmliche Bestürzung, welche ich zuvor erfahren hatte, und er trat einige Schritte zurück, ohne ein Wort aufbringen zu können.

Kennen sie dieses junge Frauenzimmer? fragte Lady Sara lachend.

Wie sollte ich nicht? erwiederte er mit möglichster Kälte: Miß Emilie Reinolds, die ehemalige Gesellschafterin meiner Tante!

Hätten sie wohl Lust, die alte Bekanntschaft mit dem lieben Mädgen zu erneuern, und derselben ein etwas interessanteres Ansehen zu geben, als sie zu Fairlymanor haben mochte?

Madam!

Nun, wozu diese bestürzte Mine, ehe sie noch meine Forderung wissen? ahnden sie etwan, daß sie von einer etwas gefährlichen Gattung seyn wird? — Still, still! sie dürfen keine Bedenklichkeiten haben, da ich mich über dieselben hinweg setze. Ich werde freilich allemal die größte Gefahr dabey laufen.

Lady Sara, ich weiß bey Gott nicht, was sie meynen.

Kommen sie, guter Freund, lassen sie sich die Sache kürzlich erzählen, und sie, Emilie denken sie daran, daß sie mir die Erfüllung meiner Bitte so gut als versprochen haben.

Das habe ich nicht, Madam, ich verspreche nie etwas, davon ich nicht vorher unterrichtet bin.

Auch sie, Emilie, wollen sich wider meinen Willen empören? Lassen sie sich doch nur bedeuten, die ganze Sache betrift ein kleines Possenspiel, das ich mit Freuden einer guten Freundin zu Liebe unternehmen würde, und sie, Kind, müßten kein Mädgen seyn, müßten nicht jenen Hang zu muthwilligen Streichen haben, der uns allen eigen ist, wenn sie noch Einwendungen machen sollten, so bald sie kürzlich von meiner Forderung, von ihren Ursachen und gehoften Wirkungen unterrichtet seyn werden.

Wir waren beyde still, und Lady Dorset fuhr fort: daß mein Vater mich gern als Lady Frankair sähe, daß seine hohen Forderungen an Lord B.. nur daher entspringen, weil er meinen Geliebten für zu standhaft hält, mich zu verlassen, und den Vater desselben für zu zärtlich gegen seinen Sohn, als daß er nicht ihm zu Liebe alles bewilligen würde, daß Lord Dorset schnell sein Verfahren ändern würde, so bald er Gefahr sähe, daß eine andere mir das Herz dieses Mannes stehlen könne, dies ist ausgemacht, und können sie nun bald meine Forderungen errathen? — Sie, Lord Frankair, haben, wenn ihnen auch von nun an der Privatumgang mit ihrer Sara versagt ist, noch das volle Recht nach wie vor zu Hartlegall aus und ein zu gehen, was ist denn natürlicher, als daß ihnen Emilie besser gefällt als Lady Dorset, daß sich ihr Herz nach und nach von mir zu ihr wendet, und daß jederman davon zu reden beginnt: Miß Reinolds könne wohl nächstens Lady Frankair werden. Ich fange denn an zu trauren, bleich auszusehen, und krank zu werden, oder ich lache

ach nach Gelegenheit, und spreche von neuer
Liebe. Meine geheimen Freunde reden meinem
Vater mächtig zu, diesen Schimpf nicht zu
dulden, und lieber alles einzugehen, als demje=
nigen wetterwendischen Liebhaber seinen Willen
zu lassen. Lord Dorset hat denn von Natur
einen so besondern Hang, von all dem, was
man wünscht, das Gegentheil zu thun, daß La=
dy Sara und Lord Frankair vor den Altar ge=
führt und auf ewig verbunden werden, ehe sie
es sich selbst versehen.

Und Emilie, rief ich, indem mein Gesicht
vor Uebermuth über die wunderliche Zumuthung
glühte, Emilie ist das Opfer der schönen Intri=
gue. Ihres guten Nahmens beraubt, mit Be=
schämung erfüllt, daß sie ihre Hand zu hinterli=
stigen Kunstgriffen geboten hat, entläßt man sie
aus dem Hause ihrer Beschützerin, und die
Welt, welche die räthselhafte Geschichte nacher=
zählt, weis natürlich nicht, was sie von der
Sache denken soll, und ersetzt das Fehlende mit
den schimpflichsten Muthmaßungen. Nein, My=
lady, kann ich ihnen meine Freundschaft auf kei=
ne andere Art beweisen, kann ich die ihrige auf
keinen niedrigen Preiß behalten, so fühle ich,
daß wir uns trennen, und daß ich all die schö=
nen bisher gehegten Hofnungen untreulichen
Umgangs mit der Freundin meiner Jugend auf=
geben muß.

Bey diesen Worten verließ ich das Gar=
tenkabinet, und eilte nach dem Hause zu, wo ich

mich ganz den traurigsten Betrachtungen über=
ließ. — Lady Sara ist seitdem bey mir gewe=
sen, hat mich zu besänftigen, und alle Besorg=
nisse eines Nachtheils, der mir aus dieser ver=
dächtigen Sache erwachsen könnte, zu heben ge=
sucht. Ich habe der verführerischen Rednerin,
bey dem festen Entschluß, mich nicht in eine so
zweydeutige Sache einzulassen, auf die lezt nichts
mehr antworten können, und ich sehe kein Mit=
tel übrig, mich zu retten, als Flucht oder Ge=
ständniß der Begebenheiten von Fairlymanor.
Was soll ich wählen? oder giebt es noch einen
dritten Weg, mich aus diesem gefährlichen Han=
del zu ziehen? besonders da Lord Frankair nicht
so wie er sollte, auch wider Sarens ausschwei=
fende Einfälle streitet, sondern die Abwendung
einer Sache, die ihm so lästig seyn muß als
mir, bloß auf mich ankommen läßt, ohne sich
für oder wider dieselbe zu erklären.

Ich habe mich nicht überwinden können, Lady
Saren ein Geständniß von den ehemaligen Ver=
hältnissen zwischen mir und Lord Frankair zu
thun. Zehnmal ist das Wort auf meiner Zunge
gewesen, aber allemal hat mich die Furcht, Un=
einigkeit oder Kaltsinn zwischen den Liebenden
hervorzubringen, und mich selbst in ein zweydeu=
tiges Licht zu setzen, zurück gehalten. Wollte
Lord Frankair seiner Geliebten etwas von den
damahligen Händeln wissen lassen, so könnte er

sie ihr selbst gestehn; warum soll ich eine Verrätherin seyn? Ja, wenn ich den geringsten Argwohn hätte, daß er noch einen Funken der alten Leidenschaft für mich in seinem Herzen nährte, so würde ich die Nothwendigkeit fühlen, zu reden oder zu fliehen, aber er ist so ganz in Lady Saren verliebt, sieht mich mit so viel Gleichgültigkeit, oft sogar mit einem Anstrich von Haß und Verachtung an, daß ich ganz von Miß Magots Geist beseelt seyn müßte, um hier noch Gefahr zu ahnden.

Nichts desto weniger bleibt mein Abscheu vor den Intriguen der leichtsinnigen Lady Dorset fest und unerschüttert, und ich habe einige sehr ernsthafte Unterredungen mit ihr darüber gehabt. Sie bleibt dabey, daß geheime Ursachen mich dergestalt gegen ihre Plane einnehmen müßten, und ich habe es ihr nicht ganz abgeläugnet, ohne mich jedoch deutlicher zu erklären. Endlich habe ich dadurch gesiegt, und mich von allen weitern Verfolgungen über den verhaßten Gegenstand frey gemacht, daß ich ihr erwiesen habe, wie Lord Dorset nie in einer vorgegebenen Liebe Lord Frankairs für ein Mädgen ohne Stand und Vermögen ernsthafte Absichten vermuthen, und wie also die ganze Sache nur den Charakter ihres Geliebten herabsetzen würde, ohne übrigens zu Erreichung ihrer Entzwecke zu dienen. Dieses hat gewürkt, und ich höre heute, daß man, ohne den ganzen mir widrigen Plan aufzugeben, nun über eine andere Person einig geworden ist, welche die dritte Rolle in der Farce übernehmen soll. Sie ist ein junges reiches und angesehnes Frauenzimmer aus der Nachbarschaft; welche noch um zwey Drittel leichtsinniger als Lady Sara sich aus dem Handel ein Fest macht, und die ersten Scenen mit Lord Frankair schon so glücklich gespielt hat, daß der alte Herr aufmerksam und unruhig zu werden beginnt.

Den weitern Ausgang dieser verwickelten Sache erfahren sie nächstens. Mich dünkt, was ich dabey zu thun habe, wird seyn, alles mögliche zu baldiger Vereinigung der Liebenden beyzutragen, so weit diese Bemühung mit meinen Grundsäzen bestehen kann, und denn die erste Gelegenheit zu ergreifen, mich aus einem Hause zu entfernen, wo der längere Aufenthalt mir wenigstens in Mißris Freeloves und Sir Georgs Meinung Schaden thun könnte.

Vierzehntes Kapitel.

Ende der Intrigue.

Es fehlte Emilien nicht an Gelegenheit, ihrer Freundin auf eine ihrem Charakter anständige Weise zu dienen, da sie es unter ihrer Würde gehalten hatte, es auf krummen Wegen zu thun, vor welchen sie von Natur einen Abscheu hatte. Jene herzbezwingende Macht, das Wohlgefallen aller Leute zu gewinnen, wes Standes, Alters und Charakters sie auch waren, das dieses reizende Mädgen besaß, hatte ihr schnell auch den alten Lord Dorset zum Freunde gemacht. Die Geduld, mit welcher sie seine Launen ertrug, die Sorgfalt, mit welcher sie seiner pflegte, und ihr ernstes gesetztes Betragen nahmen ihn gewaltig für sie ein, und da sie sich so viel als möglich entzog, die dritte Person bey den heimlichen Zusammenkünften der beyden Verliebten zu seyn, so blieb ihr dadurch manche Stunde übrig, die sie in Gesellschaft des alten Herrn zum Vortheil der jungen Leute anwenden konnte.

Sie besaß das volle Vertrauen Lord Dorsets, er sprach mit ihr über alles, und also auch über seine Besorgnisse, Lord Frankair möchte nach und nach sich ganz von Lady Saren losmachen, und Miß Klara Elmstone zu seiner Gemahlin wählen, wie schon hier und da unter der Hand versichert wurde.

Ich weiß nicht, sagte Emilie, die sich bemühte, so genau bey der Intrigue vorbey zu schlüpfen, an der sie keinen Wohlgefallen hatte, als ihr möglich war, ohne den Planen der Liebenden zu schaden; ich weiß nicht, in wie fern diesen Gerüchten zu trauen ist, aber so viel ist gewiß, Miß Klara ist sehr schön, und könnte vielleicht Lady Saren den Rang streitig machen.

Warum nicht gar auch ihnen! — Nein, Kind, sie und meine Tochter werden wohl die hübschesten Mägden bleiben, die ich je gesehen habe; und über das, was ist Schönheit! darum kümmern sich die Väter nicht, und wenn diese nicht ihrer Sachen eins sind, verstehen sie mich, so wird aus dem ganzen Handel so wenig etwas, als bey meiner Tochter.

Einig, Mylord? Mich dünkt Miß Klarens Vater, der sich nur durch Reichthum zu seinen jetzigen Ansprüchen erhoben hat, würde leicht mit Lord B.. einig werden, wenn es darauf ankäme, seiner Tochter eine Grafenkrone zu verschaffen.

Meynen sie das? der Teufel, Kind! ich möchte wohl wissen, was für Verhandlungen zwischen beiden Theilen hierüber gepflogen worden sind.

So viel ich weis, keine, Mylord. Und ist Miß Klarens Vater nicht der Mann, der Lord B.. so gar große Bedingungen vorschreiben könnte. Miß Klara ist die einzige Tochter eines reichen Mannes, aber der Titel Mylady, kann nicht zu theuer erkauft werden.

Ja, aber eben darum, eben darum kann aus der Sache nichts werden. Lord B.. wird doch einen Unterschied zu machen wissen zwischen der Tochter eines reichen Landjunker und Lady Sara Dorset, die Könige unter ihre Ahnen zählt.

Gold, Mylord, ist der beste Adel, und da kommt es denn freilich darauf an, wo das Uebergewicht liegt, ob auf Klarens oder Lady Dorsets Seite.

Gott! Kind! haben sie wirklich von diesen Dingen gehört? —

Nicht ein Wort, Mylord, ich stelle mir jetzt blos die Sache als eine Möglichkeit vor, wie denn nichts in der Welt unmöglich ist.

Hexe! sie wissen mehr hievon, als sie gestehen wollen! — Mein Kopf schwindelt, wenn ich daran denke! — Wär nur der alte Overy hier! Gehen sie auf ihr Zimmer, Kind, ich werde sie rufen lassen, wenn ich mit mir in der Sache einig bin, denn ohne sie kann ich doch nicht wohl etwas beschließen.

Der alte Overi war nicht weit, und da die schlauen Verliebten Sorge getragen hatten, auch ihn in ihr Interesse zu ziehen, und er sich weniger Bedenken aus offenbaren Unwahrheiten machte, als die gewissenhafte Emilie, die sich nur immer mit kleinen Umschreibungen durchhalf, so ward dem alten Herrn so bang gemacht, seine Tochter möchte die vortheilhafteste Partie verlieren, auf die er für sie rechnete, daß noch vor Abend alles klar ward, und nichts zu Beendigung der Sache fehlte, als Emiliens Zustimmung, welche gleich herbeygerufen ward, und deren Ausspruch man errathen kann.

Reinold 2. Th.   J

Funfzehntes Kapitel.

Schlangengezisch.

Unser englisches Original macht sich viel zu thun, den Leser mit allem bekannt zu machen, was der alte Overy und was Lord Dorset sagte, um den Handel völlig zu schliessen, wir aber begnügen uns zu melden, daß, nachdem genug gestritten worden war, alles so erging, wie es bey solchen Gelegenheiten zu gehen pflegt. — Lady Sara erfuhr ihr Glück zuerst aus Emiliens Munde, sie dankte ihr für den Antheil, den sie an der Bewürkung desselben genommen hatte, mit der regsten Freude, und schwur ihr, sie nie zu verlassen, wenn nicht eine vortheilhafte Heyrath oder sonst eine glückliche Veränderung sie von ihr trennte. Emilie hatte keine besondere Lust lang in ihrer Freundin Hause zu bleiben, so bald sie Lady Frankair geworden seyn würde, und würde vielleicht gleich jezt mit einigen Ausflüchten hervorgetreten seyn, wenn sie nicht in dem Augenblicke vernommen hätte, daß Lord Frankair bald nach der Hochzeit eine Geschäftsreise nach Schottland würde thun müssen, auf welche Lady Sara ihn nicht zu begleiten gedachte. Die Vorstellung der seeligen Tage, die sie denn in dem einsamen Umgang mit ihrer Freundin geniessen würde, war Ursach, daß Emilie schwieg, und zu Lady Sarens Planen ihre Einwilligung gab.

Die Vermählung ward sehr still gefeyert, nicht einmal die nächsten Verwandten des Bräutigams, außer seinem Vater, waren bey derselben gegenwärtig, und Emilie hatte vergeblich vor Lady Karolinens Anblick gezittert. Diese ihre alte Freundin und Hasserin war das einige was ihr Sorge machte; sie konnte muthmaßen, daß diese nicht so bald sie sehen, oder ihren Namen hören würde, als die gehäßigste Offenbarung vorgegangener Dinge gebraucht werden würde, ihren guten Namen anzuschwärzen, und ihr Glück zu stören.

Gedanken dieser Art brachten Emilien in der Folge noch oft auf den Punkt ihrer Freundin die alten Geschichten von Fairlymanor zu entdecken, ohne daß es jemals geschahe; wo hätte sie Muth zu einer Erzählung hernehmen sollen, die der erste Grund zu Zwist oder Kaltsinn unter den jüngern Eheleuten hätte werden können, die ohnedem, wie bey den meisten Vermählten nach der Mode geschieht, weit mehr Glück von ihrer Verbindung gehoft haben möchten, als sie nun würklich genossen.

Emilie war Lady Frankair aus dem väterlichen Hause auf eins der Güter ihres Gemahls gefolgt, man beschäftigte sich mit Planen des Vergnügens für den künftigen Winter, und Lord Frankair that einige gelegentliche Reisen, zu Vorbereitung seiner großen Reise nach Schottland.

Seine Gemahlin und Emilie lebten indessen vergnügt, und wurden sich immer unentbehrlicher. Sie trauerten nur darüber, daß sie auf einige Wochen getrennt werden würden, weil eine Vermählung in Lord Frankairs Familie vorfiel, wozu die neue Schwägerin in seiner Abwesenheit eingeladen wurde, und davon sie sich, als der ersten Ehrensache in dem großen Hause, in welches sie gekommen war, nicht mit Schicklichkeit glaubte ausschliessen zu können. Emilie hörte den Namen des Bräutigams, Lord William F.., und dieser Mann war so sehr in ihre eigene Geschichte verflochten gewesen, daß seine Erwehnung ihr Stoff zu so mancherley Gedanken gab, daß sie nach der Braut zu fragen vergaß, oder ihren Namen verhörte.

Man trennte sich auf die kurze Zeit der Hochzeitfeyerlichkeiten mit Widerwillen, freute sich des baldigen Wiedersehens, und versprach einander, die Zwischenzeit nicht mit unnützen Trauren zuzubringen, sondern, jedes an seinem Orte die Freuden, die sich darbieten würden, ohne Eigensinn zu geniessen.

Emilie hatte auf ihrer Seite tausend Gelegenheiten dieses Versprechen zu erfüllen. Sie war in der ganzen Nachbarschaft beliebt, und der Fuß auf welchen sie bey Lady Frankair lebte, die auszeichnende Achtung, mit welcher ihr von derselben begegnet wurde, machte, daß man glaubte, dieser Dame selbst ein Kompliment zu machen, wenn man ihrer schönen Freundin Vergnügen zu verschaffen suchte.

Miß Reinolds war eines Abends von einer der Lustbarkeiten, zu welchen sie häufig eingeladen wurde, mehr ermüdet als vergnügt zurückgekommen, als sie auf ihrem Nachttisch einen Brief von Lady Frankair fand, den sie hastig erbrach, weil sie hofte, in demselben Nachricht von der baldigen Wiederkunft dieser Dame zu finden, sie las folgendes:

„Miß Reinolds.

Mir war immer vieles in ihrem Betragen ein Räthsel, und ich hätte nicht geglaubt, daß ich von einem andern Munde als dem ihrigen die Auflösung bekommen sollte. O Emilie! warum sprachen sie nicht selbst mit mir über gewisse Dinge, welche im Grunde, bey jetziger Lage der Sachen gar nichts mehr zu bedeuten hatten, und nur durch Verheimlichung ein bedenkliches Ansehen erhielten? Ich habe hierinn nicht allein über sie, sondern über noch eine Person zu klagen, und ich leugne nicht, daß die Unvertraulichkeit der Freundin und des Gatten, die ich beyde so unaussprechlich liebe, mir manche bange Besorgnisse gemacht hat, die man hier nur gar zu gut zu nähren weis.

An meiner Schwägerin, Lady Karolinen, der nunmehr vermählten Lady F.. hat es nicht gelegen, daß ich mich auf eine ganz andere Art von meiner Emilie trenne, als geschehen soll, aber meine Liebe zu einer Freundin, die nur in einem Fall fehlerhaft gehandelt hat, und

meine Verachtung gegen Karolinen, die Zerstö=
rerinn meiner Ruhe, ist zu groß, als daß ich
ihrem Einblasen gehorchen, ihren Verläumdun=
gen glauben sollte. — Aber, Emilie, — tren=
nen müssen wir uns! Sie sehen selbst die Un=
schicklichkeit ein, länger in dem Hause des ehe=
maligen Lord B.. zu leben! — Machen sie
sich, so eilig sie können, wo möglich noch vor
Rückkunft meines Gemahls und vor der meini=
gen, welche bald erfolgen wird, nach London
auf den Weg und überbringen sie in liegenden
Brief meiner Freundin, Mistris Reland; sie
werden eine gütige Aufnahme bey ihr finden,
werden glücklich bey ihr leben, und sobald sich
mein Herz ein wenig beruhigt haben wird, in
ihrem Hause zuerst wiedersehen,

Ihre

immer noch zärtliche
Freundin Sara Frankair."

Sechzehntes Kapitel.

Eine ganz gewöhnliche Freywerberey.

Dies wars, was ich immer heimlich befürchtete,
schrie Emilie, indem sie in einen Strom von
Thränen ausbrach, und Sarens Brief mit ge=

falteten Händen empor hielt. Unglückliche Verheimlichung unschuldiger Dinge, schon zum zweytenmal mußt du mich stürzen! O Miſtris Eaſy! meine Rathgeberin! wo blieb die Antwort auf meine Briefe, ich wollte ohne deine Zuſtimmung nichts thun, verſchob das, was im erſten Augenblick hätte geſchehen ſollen, von einer Zeit zur andern, und kam dadurch in dieſes Labyrinth von Verdrüßlichkeiten, aus welchen ich mich nun nicht zu finden weis. Daß ich eine anſtändige und eine einträgliche Stelle verliere, daß ich ein Haus verlaſſen muß, wo mir wohl war, das iſt noch das wenigſte, was ich zu beklagen habe. Aber der Verluſt von Lady Sarens guter Meinung, Karolinens Triumpf, das nachtheilige Licht, in welchem ich durch dieſe Begebenheit auch in den Augen meiner beſten Freunde erſcheinen muß! O das iſt zu viel für mein armes Herz! Himmel, gieb mir Stärke, es zu ertragen!

Emilie ſaß noch in einem Meer von tiefen Betrachtungen verſenkt, als der Morgen anbrach. Kummer und Unmuth hatten ſie verhindert, zu Bette zu gehen. Sie hörte einige Reuter in den Schloßhof geſprengt kommen, lief ans Fenſter, und erblickte Lord Frankairs Liverey. Bald darauf trat die Haushälterin herein, meldete, daß ſeine Lordſchaft noch vor Mittag hier eintreffen würden, und wollte Emiliens in dieſer Betrachtung nöthige Befehle haben.

Emilie erschrack noch heftiger, doch ermannte sie sich, machte alle nöthige Anordnungen bis auf die Zeit, da Lady Sara wahrscheinlich wiederkommen würde, gab denn vor, Briefe von einer sterbenden Freundin aus London erhalten zu haben, welche ihre unmittelbare Gegenwart erforderten, ließ das nothwendigste von ihren Sachen zusammen packen, und warf sich in den bereitstehenden Wagen; so daß sie das Schloß glücklicher Weise noch zwey Stunden vor der Zeit verließ, ehe derjenige eintraf, vor dessen Ankunft Lady Sara ausdrücklich ihre Entfernung bestimmt hatte.

Ohne auf Lady Sarens Empfehlungsschreiben an Mistriß Reland Rücksicht zu nehmen, hielt sie es für gut, zuerst in Mistris Easys Wohnung bey Frau Kolemann abzusteigen, und vor ihrer Freundin ihr Herz auszuschütten. Sie fand sie nicht anwesend, und Frau Kolemanns Versicherung, daß auch sie in etlichen Monaten keine Zeile von ihr gesehen habe, und daß sie wahrscheinlich mit einer Gesellschaft Freunde eine längst vorgehabte Reise nach Schottland möge unternommen haben, sagte Emilen die Ursach der Verstummung ihres Orakels.

Emilie nahm Frau Kolemanns Bitte, sie möchte einige Tage in ihrem Hause ausruhen, dankbar an. Sie hatte Erholung nöthig, sie hätte sich ungern in ihrem gegenwärtigen trostlosen Zustande vor einer neuen Bekannten sehen lassen, und fuhr erst am 4ten Tage zu Mistris

Reland, ihr Lady Sarens Brief zu überreichen, und ihr weiteres Schicksal zu erwarten.

Mistris Reland war eine Dame, die schon den Frühling der Jahre zurück gelegt hatte, die Gattin eines Mannes von gleichem Alter, eine Person von ernstem gesetzten Charakter, in deren Hause es die mehreste Zeit sehr still zuging, und bey welcher nur gewisse Tage dem gesellschaftlichen Umgang, und dem Genuß öffentlicher Vergnügungen gewidmet waren.

Emilie war auf einer solchen Laune, daß ihr dieses eingeschränkte Leben gefallen mußte, auch sie ward Mistris Reland, wegen dem besondern Anstrich, den mancherley Unfälle ihrem sonst muntern Charakter gegeben hatten, in kurzer Zeit so lieb, daß sie ihr oft versicherte, wie sie sich glücklich pries, eine solche Gesellschafterin gefunden zu haben, und Lady Saren für ihre Empfehlung unendlich Dank schuldig zu seyn glaubte.

Ein Jahr verging auf diese Art; die längste Zeit, die Emilie, seit sie sich aus Hippocrenens Hause entfernet hatte, an einem Orte hatte zubringen können. Sie bekam in dieser Zeit Briefe von Lady Saren, welche sich entschlossen hatte ihren Gemahl auf der Reise nach Schottland zu begleiten, und die auf gutem Wege schien, bey ihrer Rückkunft alle von Karolinen eingesogenen bösen Vorurtheile wider ihre

unschuldige Freundin abgelegt zu haben. Mi=
stris Easy war die Ueberbringerin dieser Briefe,
sie hatte Lady Saren von ohngefehr auf dem
Wege getroffen, man hatte über Emiliens An=
gelegenheiten gesprochen, sie wußte alles, und
man kann denken, ob sie eine kaltsinnige Ver=
sprecherin bey Lady Frankair für die verkannte
Emilie gewesen seyn mochte.

Das Wiedersehen der beyden Freundinnen
war eine Scene des Entzückens, sie sahen sich
von diesem Augenblick an fast täg'ich, denn Mi=
stris Reland war auch eine alte Bekannte von
Mistris Easy, und fühlte ihre Meynung von
ihrer jungen Gesellschafterin sehr durch das An=
sehen vermehrt, in welchem dieselbe bey dieser
Dame stand.

Emilie fieng jetzt erst an, zu erfahren, was
Ruhe ist, und hätte nicht das Andenken Sir Ge=
org ihr zuweilen trübe Augenblicke gemacht, sie
wär ganz glücklich gewesen, hätte ihre gegenwär=
tige Lage mit Freuden für ihre Bestimmung,
auf Lebenszeit angenommen.

Mistris Easy dachte nicht so; sie liebte ih=
re junge Freundin zu sehr, als daß sie ihr
nicht sehnlich eine dauerhafte Versorgung hätte
wünschen sollen, und so sehr sie auch in den
Sitten der Welt erfahren war, so hatte sie doch
mit Mistris Reland, welche mit ihr gleiche
Wünsche für Emilien hegte, manches nachdenk=
liche Gespräch darüber, wie es möglich sey, so

schön, so verdienstvoll, so allgemein bewundert zu seyn, wie dieses reizende Mädchen, ohne einen einigen annehmungswürdigen Antrag zu einer ernsthaften Verbindung zu erhalten, denn an leichtsinnigen Bewunderern, an listigen Verfolgern ihrer Tugend, fehlte es Emilien selbst in dem Schooß des regelmäßigsten Lebens, selbst in Mistris Relands stiller Wohnung nie.

Doch war ihr eine Bewerbung nahe, die sie nach dem Urtheil ihrer Freundinnen, nicht hätte ausschlagen sollen, und zu deren Annahme sie der kluge Rath dieser Weltkennerinnen auch vielleicht bewogen haben würde, wenn nicht Sir Georgs Andenken zu tief in ihre Seele gewurzelt gewesen wär, als daß sie irgend einen Andern hätte begünstigen können. Nicht Hoffnung war es, was sie an den Baronet fesselte, sie kannte die Wichtigkeit der Hindernisse, die ihre Verbindung unmöglich machten, zu gut, hatte zu lang nichts von ihm gehört, um sich schmeichelhafte Vorstellungen von irgend einer Art, in Ansehung seiner zu machen; aber ihr Entschluß, da sie nicht die Seinige seyn könnte, auch nie das Eigenthum eines andern zu werden, war zu fest gegründet, um durch irgend etwas erschüttert zu werden.

Emilie war eines Tags zu Mistris Easys gefahren, als man bey Mistris Reland einen ansehnlichen Mann in Trauerkleidern meldete, der von ihr und ihrem Gemahl schon oft an öfentlichen Orten als ein fleissiger Beobachter der schönen Augen ihrer jungen Gefärthin bemerkt worden war, und ihnen Anlaß zu manchen Scherz mit ihr gegeben hatte. Emilie, welche gewohnt war, Blicke, und da man wußte, daß sie nur die Gesellschafterin einer vornehmen Dame war, oft ziemlich freye Blicke auf sich zu ziehen, pflegte ihre Augen sorgfältig zu bewachen, und nahm daher manche Dinge von dieser Art nicht wahr, die nur ihren Gefärthen auffielen.

Die Absicht des ansehnlichen Fremden bey seinem Besuch in Herrn Relands Hause war diesesmal nichts geringeres, als ihm und seiner Gemahlin die ernsthaftesten und ehrenvollsten Absichten auf ihre schöne Gesellschafterin zu entdecken, und um ihren Vorspruch zu bitten.

Miß Emilie Reinolds, sagte er, hat mich nicht blos durch ihre Reize, sie hat mich durch den seltenen Zusammenfluß von Tugenden und Talenten gefesselt, den man bey wenig jungen Personen außer ihr findet, auch kenne ich sie nicht erst seit heut und gestern, nein, ich habe das Glück gehabt verschiedene Monate mit ihr unter einem Dache zu wohnen, und ihre Vollkommenheiten zu bewundern, für die mir nun die Gesetze eine zärtlichere Art von Gefühlen verstatten. Ich bin frey, bin seit länger als sechs Monaten Wittwer, und kann Miß Emilien mit dieser Hand, mit diesem Herzen ein Glück anbieten, das für ihre mäßigen Wünsche nicht zu klein seyn wird. Meine verstorbene Gattin war, so viel es der gewöhnliche Eigensinn der Kranken zuläßt, bis zu dem Ende von Emiliens Aufenthalt in unserm Hause ihre Freundin; meine Schwägerin liebt und schätzt sie, und es finden sich außer dieser noch mehrere Personen in meiner Familie, welche für sie eingenommen sind, und meine Wahl billigen; glauben sie nicht, Madam, daß der Eintritt in ein Haus, welches ihr durchgängig wohl will, Miß Reinolds — —

Um Verzeihung, mein Herr, unterbrach Mistris Reland den Sermon des Brautwerbers, welchen er nach Art der Wittwer etwas langweilig abgefaßt hatte, habe ich etwa die Ehre mit Herrn Languish zu sprechen? welchen ich bereits aus den Gesprächen meiner Freundin kenne.

Herr Languish verbeugte sich, und fragte, ob es möglich sey, daß Miß Emilie ihn gewürdigt habe, seiner gegen sie zu gedenken.

Das hat sie allerdings, erwiederte Mistris Reland, und ob ich gleich nicht sagen kann, daß sie, bey ihrer gewöhnlichen sittsamen Zurückhaltung, in ihren Urtheilen irgend ein Wort habe fallen lassen, welches mich berechtige, ungezweifelte Hoffnungen zu Annahme ihres Antrags zu hegen, so weiß ich doch auch nichts vom Gegentheil, und ich für meine Person habe so wenig wieder denselben einzuwenden, daß sie meiner Seite die kräftigste Unterstützung und die Bewürkung der baldigsten und besten Antwort zu hoffen haben.

Herr Languish dankte seiner Gönnerin mit der Rührung eines wahrhaftig verliebten Menschen, und wandte, nachdem die Dame das Zimmer verlassen hatte, den Rest der Zeit, die er zu seinem Besuch bestimmt hatte, an, Herrn Reland von dem Zustand seiner Sachen zu unterrichten, und mit ihm vorläufige Verabredungen zu treffen, die Emiliens Beschützer, der sie väterlich liebte, so sehr als möglich zu ihrem Vortheil zu lenken suchte. Auch war Herr Languish zu unglücklich mit seinem grillenhaften Weibe gewesen, versprach sich zu viel Glück in einer Verbindung mit der angenehmen Emilie, als daß er bey irgend etwas, das man ihm zu ihrem Besten zumuthete, hätte Schwierigkeiten machen sollen.

Die Männer schieden wohl zufrieden von einander, und Herr Languish hielt die Sache schon für halb geschlossen, indessen Mistris Reland voll Entzücken, die gute Emilie auf dem Punkte zu sehen, die Frau eines angenehmen Mannes von Stande, und die Theilhaberin eines sehr ansehnlichen Vermögens zu werden, sich in ihren Wagen warf, und weil sie Emiliens Rückkunft von Mistris Easy nicht erwarten konnte, zu dieser Dame eilte, ihr Herz von der frohen Neuigkeit zu entlassen.

Emilie hatte diesen Tag eine ziemliche traurige Unterhaltung mit ihrer Vertrauten gehabt; die hypocrenischen Angelegenheiten waren vorgenommen worden, und Mistris Easy hatte ihr aus den Briefen eines ihrer Freunde erwiesen, daß ihr Vormund zwar einige Zeit in Dublin gewesen sey, aber diesen Ort schon längst, sehr tief verschuldet verlassen habe; verdrüßliche Aussichten für das arme Mädchen! ihr kleines Vermögen war nun also wahrscheinlich dahin; doch wurde beschlossen, Mistris Easys Freunde den Auftrag zu geben, noch so viel davon zu retten als ihm möglich wär, und Emilie hatte sich eben, als Mistris Reland aus ihrem Wagen stieg, in ein Nebenzimmer begeben, um eine hierzu erforderliche Vollmacht zu unterschreiben, und andere dahin gehörige Papiere, die sie bey ihrer Freundin zurück gelassen hatte, in Ordnung zu bringen.

Es war Mistris Reland nicht unangenehm, Mistris Easy allein zu finden, weil sie es für gut hielt, zuerst ihre Meynung über die Sache zu hören. Emiliens Gönnerin fand die Parthie vortheilhaft, und auf alle Art annehmenswürdig; sie meynte, Emilie sey ein gutes verständiges Kind, und sie wollte nicht an ihrer Einwilligung zweifeln, daher man die Sache für beschlossen hielt, und bey Beherzigung derselben schon sehr ins Detail zu gehen begunnte.

Man kann sich nichts geschäftigers und geschwätzigers denken, als ein paar gute Matronen, die die Verheurathung eines von ihnen begünstigten Mädgens unter den Händen haben. Beyde Damen rückten immer näher zusammen, und wurden doch dabey so laut, als ob sie einander von dem entgegengesetzten Ende des Zimmers zugerufen hätten. Doch jezt trat Emilie herein, und sie eilten ihr mit Glückwünschungen, wegen einer vortheilhaften Erroberung, entgegen.

Miß Reinolds kannte Mistris Easys Launen, zu welchen Mistris Reland in einer frohen Stunde manchmal nicht übel einstimmte; sie war geneigt, das Ganze, davon sie, weil beide zugleich sprachen, nur wenig verstehen konnte, für eine muthwillige Erfindung zu halten, und antwortete auf eine dieser Meinung angemessene Art. Aber als sie Herrn Languishs Namen hörte, als sie fand, daß man sehr ernsthaft sprach, da verschwand ihre Munterkeit auf einmal.

Emilie wußte, wie sehr man es einem Mädgen ohne Vermögen zu verdanken pflegt, wenn sie zu bedenklich bey Annehmung ernsthafter Anträge ist, gleich — wohl war sie noch zu jung, um gewisse Vorurtheile in Ansehung der Artikel von Liebe und Ehe abgelegt zu haben, zu großmüthig, um bey einer Verbindung auf Lebenszeit, blos auf dasjenige Rücksicht zu nehmen, was bejahrte und welterfahrne Personen Glück und Versorgung nennen.

Sie ward traurig, und antwortete nach einem kurzen Stillschweigen, sie könne nicht daran denken, die Frau eines Mannes zu werden, den sie nicht lieben, und bat ihre Freundinnen, ihr zu verzeihen, daß sie bey der wichtigsten Angelegenheit ihres Lebens mehr ihren eigenen Neigungen als ihren gütigen Rathschlägen folgen würde.

Man fragte voll Bestürzung, ob sie etwas wider Herrn Languish, den sie freilich mehr kenne, als sie beide, einzuwenden habe, und Emilie verneinte, ob ihr gleich würklich dieses und jenes in den Sinn kam, das ihren feinen Gefühlen in seiner Aufführung anstößig gewesen war. Ein Mädgen wie sie konnte die zärtliche Freundschaft, mit welcher er ehemals Mistris Wildham beschwerlich gefallen war, und die er auch ihr nachher, noch bey Lebzeiten seiner Frau, so freygebig anbot, nicht gutheissen oder vergessen; doch dachte sie zu edel, den Matronen von diesen Dingen etwas mitzutheilen, sondern sie erduldete es lieber, daß man ihr eine ganze Stunde lang mit aller gutherzigen Zudringlichkeit der Freundschaft zuredete, und sie am Ende eine kleine Hartnäckige schalt, welcher Ehrentitel bey Mistris Easy noch mit einem Winke und einem bedeutenden Fingerzeig verbunden war, den sie wohl verstand, und der ihr durch die Seele gieng.

Sie sind ungerecht, Madam, sagte Emilie zu Mistris Easy heimlich, als jezt mehrerer Besuch erschien, und die verdrüßliche Unterredung unterbrach, sie sind ungerecht, wenn sie glauben, einige Rückſicht auf vergangene Dinge ſey der Grund meines Verfahrens.

Prüfen ſie ihr Gewiſſen, Kind, erwiederte die Dame, ob es in dieſem Augenblick von jedem Gedanken an Sir Georgen ganz rein iſt! Emilie erröthete und folgte Miſtris Reland in ihren Wagen, wo ſie eine Zeitlang ganz ſtillſchweigend ſaſſen, denn die Matrone konnte Emilien ihren Eigenſinn nicht ſo leicht verzeihen, und dieſe beſchäftigte ſich mit Gedanken, welche auch ihren Mund verſchloſſen hielten.

Siebzehntes Kapitel.

Anfechtungen. Wiederſehen. Geſchwätz.

Sie haben mich empfindlich gekränkt, mein Kind, fieng Miſtris Reland endlich an, daß ſie Herrn Languiſh ausſchlagen, der ſo ein hübſcher, reicher, angeſehener, geſetzter, und wohl ausſehender Mann iſt, daß ich ihn für meine Tochter, wenn ich eine hätte, nicht beſſer zu wählen wüßte. Sagen ſie nur, was ſie wider ihn einzuwenden haben? vielleicht kann ich ihre Urtheile über ihn berichtigen, und die Sache kann doch noch wohl ſtatt finden.

Emilie verſicherte, daß ſie von ihren Einwendungen gegen ihren Brautwerber nichts zu sagen wußte, daß ihrer Einwilligung in seine Wünsche nur die Kleinigkeit im Wege stünde, daß sie keine Neigung für ihn fühle, und daß sie an keine Aenderung ihrer wahrhaftig glücklichen Lage denken könne, wenn sie nicht etwa das Unglück gehabt haben sollte, ihrer gütigen Beschützerin beschwerlich zu werden.

Die einnehmende Art, mit welcher Emilie dieses sagte, tödtete auf einmal eine Menge nachdrückliche Reden, die auf Mistris Relands Lippen schwebten: zum Beyspiel eine heftige Deklamation wider das, was Personen von gesetzten Jahren Romangrillen nennen, eine Abhandlung über das Glück der Unabhängigkeit, eine Eloge auf Herrn Languish, und zuletzt einen kleinen Schluß-Sermon über die Trübsalen des alten Jungfernstandes, welchen unüberlegt ausgetheilte Körbe schnurgerade entgegen führten. Von allen diesen Dingen bekam Emilie nur einige abgebrochene Worte zu hören, die mit einer herzlichen Umarmung und der Versicherung beschlossen wurden, wie sie aus ihrem Hause, wo sie so nützlich als angenehm wär, wohl bis an ihr Ende unvertrieben bleiben würde, wie nichts als wahre Besorgniß für ihr Wohl, ihr die Aenderung ihres Standes als wünschenswürdig vorgestellt habe, wie sie nicht weiter in sie dringen wolle, aber dem ohngeachtet nicht umhin könne, verborgene Ursachen ihrer Weigerung, vielleicht eine frühere Neigung für einen Andern zu muthmaßen.

Emiliens Wangen glühten bey dieser Gewissensrüge, und sie stammelte mit ziemlicher Verwirrung; sie habe nie den Liebesanträgen irgend eines Mannes Aufmunterung gegeben, auch würde sie dieses nie thun.

Und warum sollten sie nicht? versetzte die alte Dame. Schickliche Anträge können sie ohne Bedenken begünstigen; aber sollten sie ein geheimes Wohlgefallen an solchen finden, welche nicht statt haben können, so thäten sie besser, so bald als möglich eine gefährliche Leidenschaft aus ihrem Herzen zu reissen, die früh oder spät sie sehr unglücklich machen wird. Uebrigens ist die Antwort, die sie mir da geben, so gut als keine, sie können sich wohl bewußt seyn, niemand Aufmunterung gegeben zu haben, und doch — — Emilie, Emilie! hier ist etwas nicht ganz richtig, es ist nicht gut wenn ein sonst aufrichtiges Mädgen ihre Zuflucht zu Umschreibungen nehmen muß! Emilie ward noch röther, und nahm ihrer Verwirrung wieder die Versicherung zu Hülfe, wie sie, so lange sie in Mistris Relands Hause geduldet würde, kein ander Glück verlange. Ja, erwiederte die gute Frau, wie aber, wenn ich nicht mehr bin? Sie wissen, daß ich ungleich mehr Jahre habe als sie, und daß sie also ungezweifelt auf ein längeres Leben rechnen können als ich. — Gewiß, meine Theure, sie sollten auf ein dauerhaftes Glück denken, sie können nicht immer in ihrem gegenwärtigen Stande fortleben. Sie können in zwanzig Familien kommen, wo eben ihre

Person das größte Hinderniß ihres Glücks seyn wird. Verheyrathung ist der anständigste Schutz für die Reize eines schönen Mädgens, und die Verbindung mit Herrn Languish wär nun nach meinem Urtheil so ganz ein Glück für sie gewesen, daß ich dem guten Mann höchst ungern abgewiesen sehe. Doch ich sehe, sie ängstigen sich über mein Zureden, ich will nicht weiter in sie dringen, will sogar nicht einmal den Grund ihrer Abneigung wissen, sondern ihnen nur noch, ehe wir die Sache ganz abbrechen, ihnen ein sehr ernsthaftes und nicht zu kurz gefaßtes Nachdenken empfehlen.

Emilie, welche eine Angelegenheit, die sie beunruhigte, gern schnell geendet gesehen hätte, mußte sich den vorgeschlagenen Aufschub gefallen lassen, mußte von Herrn Reland einige noch viel ernstere Vorstellungen als von seiner Gemahlin aushalten, mußte Herrn Languishs dringendes Bitten selbst anhören, und am Ende sogar von Mistris Wildham und Miß Magot durch Briefe in dieser Sache bestürmt werden. Die erste triumphirte in ihren Schreiben, ihre junge Wohlthäterin auf dem Punkte zu sehen, belohnt zu werden, und bat sie inständig, die Augen nicht vor ihrem Glück zu verschliessen, und Miß Magot gab bedeutende Winke, daß sie die alte Liebe gegen sie in dem Herzen ihres Schwagers noch nicht für getilgt halte, und daß sie Mistris Wildham recht geben müsse, welche ihr viel und oft vorgestellt hätte, daß das beste Mittel, sich vor Herrn Languishes Verfolgungen sicher zu stellen, seyn würde, wenn sie seine Bewerbungen um Emilien begünstigte. So ward also das arme Mädgen von allen Seiten gedrängt, zu einem Antrage Ja zu sagen, welchen ihr Herz mit Nein beantwortete.

Jede andere als Miß Reinolds wär vielleicht endlich erweicht oder ermüdet worden, aber Emilie war es, welche am Ende die Geduld ihrer gutherzigen Verfolger ermüdete. Mistris Wildham und Miß Magot hörten auf zu schreiben, Madam Reland, ihr Gemahl, und Mistris Easy schwiegen, und Herr Languish verließ London, um dem Anblick seiner hartnäckigen Verächterin zu entfliehen, so daß Emilie wieder ruhig zu werden, und da sie keine Aenderung in den Gesinnungen ihrer Freunde gewahr ward, die Freuden, die sich ihr darboten, mit der vorigen Theilnehmung zu geniessen begunnte.

Das Schauspiel war von allen öffentlichen Vergnügungen dasjenige, das man in dem Relandischen Hause am öftersten genoß, und da Emilie dasselbe wenige Wochen, nachdem Herr Languish völlig aus dem Felde geschlagen war, in Gesellschaft ihrer Beschützer besuchte, so ereignete sich ein Zufall, der jetzt zwar ihre hartnäckige Weigerung in der kaum geendigten Sache aus dem rechtfertigendsten Lichte zeigte, zugleich aber auch alle alte Gefühle wieder in ihr erwärmte, und die Arbeit von beynahe anderthalb Jahren völlig vernichtete.

In einer Loge, der ihrigen gegenüber, kam Sir Georg zum Vorschein, aber o Gott wie verändert! Kaum konnte sie noch sein eigenes Selbst in ihm erkennen; hager, bleich, und niedergeschlagen stand er vor ihr, und warf einen Blick auf sie, der ihr Innerstes erschütterte, und ihr die Thränen in die Augen lockte. Es erfolgte von seiner Seite eine tiefe erfurchtsvolle Verbeugung, die sie, von ihrer Gesellschaft, welche eben mit etwas andern beschäftigt war, unbemerkt erwiederte. Ein zweyter Blick von Sir Georgen trieb ihr eine glühende Röthe ins Gesicht, denn jezt dachte sie sich, wie ihr würde zu Muthe gewesen seyn, wenn sie ihrem alten noch immer unvergeßlichen Liebhaber als Herrn Languish's Braut gegen über gestanden hätte. Sie war genöthigt, sich in die Tiefe der Loge zurück zu ziehen, weil sie besorgen mußte, ihre Verwirrung über den blosen Gedanken an eine Sache, die leicht hätte möglich werden können, möchte in die Augen fallen. Doch konnte sie, nachdem sie mit der Vorstellung, dem Geliebten ihres Herzens nahe zu seyn, vertrauter wurde, sich nicht enthalten, wieder hervorzutreten, und zuweilen einen verstohlenen Blick nach demjenigen zu wagen, der blind und taub gegen alles andere, ganz in dem Vergnügen ihres Anschauens verlohren, da stand, und nichts anders sah als sie.

Beyde Theile befanden sich in dieser Lage, als Emiliens Aufmerksamkeit durch ein großes Geräusch in der Nebenloge auf etwas anders gezogen wurde. Bald darauf kamen an ihrer Seite zwey Damen zum Vorschein, welche im äußersten Grade nach der Mode geschmückt oder vielmehr verunstaltet waren. Ein ungeheurer Wust von Haaren verhüllte ihre Gesichter, und bedeckte ihre Schultern, so daß dem Anschauenden nichts geschwinder in den Sinn kommen konnte, als die gewaltigen Haarhauben, die der gute Geschmack noch vor weniger Zeit, auf den Gemählden der alten Lordmajore und Parlamentsglieder mit Entsetzen anstaunte, nun aber bald gegen das, was ihm täglich an unsern schönen Landesmänninnen vorkommt, erträglich finden wird. Ein Gebäude von Flor, das dem ansehnlichsten tyrolischen Kropf zum geräumigen Aufenthalt hätte dienen können, fing dicht unter dem Kinn an, gattete sich vorn an der Brust mit der herabfließenden Gaze des himmelhohen Aufsatzes. Schwere Ohrenketten, die das Ohr, das sie schmücken sollten, zu einer chinesischen Länge herabdehnten, dienten dazu, den Umriß des Ganzen noch abentheuerlicher zu machen, so daß der Unwissende, der diesen Anblick in einiger Entfernung gehabt hätte, schwerlich hier ein paar von der Natur nicht ganz vernachläßigte Frauenzimmerköpfe hätte ahnden können.

Da Emilien von den beyden Damen nur das Brustftück sichtbar ward, so können wir nicht sagen, ob die Mode dieselben in dem übrigen Theile ihres Anzugs auf ähnliche Art verunstaltet hatte, auch ward die Aufmerksamkeit bald von ihrem äußerst modischen Putz auf die äußerst

modische Ungezwungenheit ihres Betragens ge=
zogen, um daselbst Grund zu gleichen Erstaunen
zu finden.

Nach den gewöhnlichen Manövers derjeni=
gen Damen, welchen daran gelegen ist, bemerkt
zu werden, nach dem gewöhnlichen mehr als halb
lauten, ziemlich unverschämten Geflüster über
nahe und ferne Gegenstände, blieben endlich bey=
der Augen an dem gegenüberstehenden Sir Georg
heften. — O mein Gott, Miß Clare, sprach
die eine von ihnen, ich will sterben, wenn das
nicht Sir Georg Freelove ist! Vermuthlich die
erste Ausflucht nach seiner langen Krankheit! Ar=
mer lieber Junge! die Reise nach dem südlichen
Frankreich hat also nichts geholfen? — O
Himmel, wie er aussieht! wie verändert!!

Meynen sie das würklich, Lady Bab?
erwiederte die andere, nun ich dächte doch, er säh
noch immer gut genug. Freylich sonst war er
ein viel hübscherer Mann!

Ja, bey Gott, das war er! und ich will
sterben, wenn er mich nicht dauert!

Und warum? — braucht ein Mann von
einem Vermögen unser Mitleiden?

O Kind, wie irren sie sich, wenn sie glau=
ben, ihm sey wohl, weil er reich ist! Wenn nur
ein Funke von Wahrheit in unseren Stadtge=

rüchten seyn sollte, so ist Sir Georg der unglücklichste Mann unter der Sonne!

Unglücklich? kann ein so schöner junger reizender Mensch unglücklich seyn? —

Miß Glare, sie setzen mich in Erstaunen, sollten sie denn von diesen Dingen gar nichts gehört haben? Nun gut, so kann ich ihnen vertrauen, daß man sich ins Ohr sagt, er liebe, und sey abgewiesen worden. Ich hörte die ganze Geschichte gestern in Lady Sliptongues Assemblee, aber ich habe niemand etwas davon gesagt als Lady Betty Blab, und unserer guten Freundinn Miß Tattle, denn die Sache ist ein erschreckliches Geheimniß! und auch diese würden es nicht erfahren haben, hätten sie mir nicht auf Ehre versichert, daß keine lebendige Seele etwas davon aus ihrem Munde hören sollte; auch wär es würklich grausam, laut von Dingen zu reden, welche einem so artigen Mann, als Sir Georg, zu keinem sonderlichen Ruhm gereichen.

Miß Glare hatte der vertrauten Offenbarung ihrer Freundin, die mit so lauter Stimme geschah, daß man in der vierten Loge von der ihrigen kein Wort von dem Geheimniß verfehlt haben würde, mit stillschweigendem Erstaunen zugehört, und brach denn in den Ausruf aus: Sir Georg verliebt? unglücklich verliebt? abgewiesen? und in wen? vielleicht in einen Engel? denn so viel bin ich doch gewiß, daß kein Frauenzimmer auf der Welt einen solchen Mann mit einem solchen Vermögen ausschlagen würde.

Nein, nein, Kind! ein bloßes sterbliches Mädgen, eine Putzjungfer seiner Tante, ein armes, dummes, unbelebtes Ding, und noch obendrein ungeheuer häßlich!

Wie? arm? dumm? häßlich? und so ein Antrag? und dieser Antrag ausgeschlagen? Lady, Bab, ich werde ohnmächtig vor Erstaunen! Doch gut für den Baronet, daß die Närrin den Verstand in dem Grade verloren hatte, um Nein zu sagen!

Gut für ihn, Miß Clare? — Ja gut genug, wenn niemand um den Handel wüßte! aber so? — Wahrhaftig, ich weiß nicht, wie er im Stande ist, sich nach so einer Begebenheit öffentlich sehen zu lassen! Gewiß, Kind, es ist nichts auf der Welt so ungeheuer lächerlich, als wenn ein Mann unter seinem Stande heyrathet!

Lächerlich? — Nun ja, wenn so ein Sir Georg die Augen auf ein niedriges schlecht erzogenes Geschöpf, ohne Herkunft und Weltton werfen kann, dies ist lächerlich genug! aber lassen sie ihn sich in ein Mädgen von Schönheit und Verdiensten verlieben; wenn sie auch nicht so vornehm wie er, wenn sie auch ohne Vermögen ist, so wird gewiß niemand so thörigt seyn, ihn zu tadeln. Wäre dies der Fall nicht oft, was würde denn aus allen schönen Frauenzimmern ohne Vermögen werden?

Verlieben, Kind? Glauben sie, man wird sich in alle hübsche Mädgen, die nichts haben, verlieben? weil etwa kürzlich ein paar junge Frauenzimmer gute Partien gethan haben, so denkt jezt wahrhaftig eine jede, die nicht ganz ein Ungeheuer von Häßlichkeit ist, Männer von Stande haben nichts zu thun, als in sie verliebt zu werden! Glauben sie denn, die kleine Miß A.. und B.., die jezt in ihren Karossen mit der Grafenkrone stolziren, sind durch Liebe emporgehoben worden?

Nun, was könnte denn anders der Bewegungsgrund zu einer uneigennützigen Heyrath seyn?

Eitelkeit, Eitelkeit, Kind! — Ist anfangs ein bisgen Leidenschaft da gewesen, so ist sie gewiß schon in den ersten Wochen verflogen. Aber die Eitelkeit, das schönste Frauenzimmer in England geheirathet zu haben, dauert, und behauptet ihre Rechte. Warum nöthigten denn einige Männer ihre Frauen, sich zu schminken, als damit jederman über ihre schöne Wahl hoch aufschreyen, und von den Reizen ihrer Weiber durch die Welt posaunen sollte? — Da ist Lady Lake, ihre Gesichtsfarbe ist im eigentlichsten Verstande die frischeste, die man denken kann, denn sie erscheint jeden Morgen und jeden Abend mit einer neuen, und ich bin gewiß, es geschieht hier alles auf Mylords Befehl, denn die Närrinn ist viel zu dumm, als daß sie auf ihre eigene Hand auf Eroberungen gehen sollte.

Meinetwegen! schrie Miß Glare. Bekäme ich einen Mann von Rang und Vermögen, so würde ich wenig darnach fragen, warum er mich wählte, und wollte er denn, daß ich mich einen Zoll dicke schminken sollte, so wär ichs zufrieden! — Geld! Geld! Mylady! den Mann hole der Teufel!

O Miß Glare! erwiederte Lady Bab, solch einen Mann wie Sir Georg! Könnten sie die Gleichgültigkeit eines solchen entzückenden Jungen ertragen wie Freelove? dies halte ich für unmöglich!

Also uns, Mylady, sprechen sie die Fähigkeit zu lieben nicht ab, ob sie sie gleich den Männern nicht zugestehen?

Und ist es ihnen eine neue Bemerkung, liebe Glare, daß wir alle, würden wir mit dem Mann, den wir lieben, verbunden, unsere Zärtlichkeit ewig mit gleicher Stärke beybehalten würden, wenn auf der andern Seite keine Veränderung statt fände? — Vernachläßigung ist die Hauptursach weiblicher Untreue. Die Unglückliche, welche wir richten, ward vielleicht in ihrer ersten und zärtlichsten Leidenschaft betrogen, und ein solcher Streich verderbt die beste Gemüthsart. Wir werden elend auf Lebenszeit, und flattern denn bis an unser Ende ohne Ruhe von einer Sache zur andern, blos um dem Nachdenken zu entfliehen, und die Zeit zu töden.

Ihre Philosophie ist mir zu hoch, erwiederte Miß Glare, die kein Auge von Sir Georgen verwendete, laſſen ſie uns wieder auf den bezaubernden Freelove kommen; dieſem geſtehen ſie also doch wahre Liebe für ſeine Dulcinee zu? von dieſem glauben ſie also doch, er würde ſich anders als die meiſten gegen die, welche ihn ſo ganz eingenommen hat, betragen haben?

Schlimmer als alle, Kind! Nicht allein die gewöhnlichen Qualen des Ueberdruſſes würde er zu dulden gehabt haben; die ganze Stadt hätte ſich wider ſeine abgeſchmackte Wahl empört, er wär der Spott der Geſellſchaften, das Gelächter ſeiner vertrautern Freunde geworden, und dies würde ihm ſo unglaublichen Verdruß, ſo tauſendfache Beſchämung zugezogen haben, daß der Haß gegen die Urheberin dieſer Dinge zehnmal größer hätte werden müſſen, als zuvor die Liebe, und ſtellen ſie ſich vor, wie ſein Haß und Unmuth ihr das Leben verbittert haben würden!

Alſo ſchneiden ſie uns alle Hofnung ab, mit unſern Männern glücklich zu ſeyn, wenn uns der Himmel welche beſchieden hat?

Mit euren Männern? — Ja, ihr guten Kinder! aber ſind die Herren Gemahle nicht karge Hunde, geben ſie euch ein artiges Nadelgeld, bezahlen ſie eure Spielſchulden, gönnen ſie das Glück eurer Freundſchaft gern jedem andern, ſo denke ich, könnt ihr zufrieden ſeyn.

Nun so hole der Teufel die Männer und die Liebe! von der lezten hatte ich ohnedem nie einen rechten Begrif; eine vortheilhafte Heyrath war das einige, wonach ich von Kindheit strebte, und lassen sie sich sagen, Lady Bab, ich verzage noch immer nicht!

Sie verzagen nicht? armes Kind! was soll ich ihnen antworten? Reiche Heyrathen sind selten! die Männer zittern vor dem Aufwande des Ehestandes! sich ein hübsches Mädgen zu halten, daß man alle Stunden wieder hinweg jagen kann, ist wohlfeiler!

Nun wahrhaftig, schrie Miß Glare, daß man es an der andern Seite des Schauspielhauses hören konnte, so denken sie also, ich werde ledig sterben?

Ich weis nicht, meine Beste, versezte Lady Bab, aber ihre Gefahr zu diesen schrecklichen aller Dinge ist nicht klein, wie mich dünkt! der hübschen Mädgen sind so viel, daß sie einander im Lichte stehen, und es ist ein bloser Glücksfall, wenn eine hervorgezogen wird; denkt denn eine von euch einmal, die Stunde des Glücks sey erschienen, so — Lassen sie mich ihnen ein Beyspiel geben: da ist Diana Forward, sie kennen sie doch? ein artiges hübsches Ding, das sich noch eben nicht so gar lang zur Schau ausgestellt hat, denn sie ist erst sechzehn. Gut! sie und ich und mein lieber Jak Dimple, und Sir Edward Freemann machten eine Partie auf lezterer Masquerade. Sir Edward ward sehr zärtlich gegen Dianen, er drückte ihr feurig die Hand, und nannte sie die Göttin der Schönheit, welches, im Vorbeygehen gesagt, unhöflich in meiner Gegenwart war; doch Diana ist meine Freundin, und Jak Dimple sagte mir auch manche Süßigkeit, die ihr nicht gefallen konnte. — Doch weiter! Diana starrte auf diese Worte Sir Edward mit ihren großen frechen Augen voll ins Gesicht, denn so viel ist gewiß, sie ist ein Mädgen voll Naiveté und Weltsitte. Sir Edward, sagte sie, mich wundert, daß so ein hübscher junger Pursche wie sie nicht aus Heyrathen denkt. — Ich will ihnen die Ursach sagen, mein Engel, erwiederte er, ich habe nicht viel über achthundert Pfund jährliche Einkünfte, und kann keine Frau nehmen, die einen Heller weniger hat, als ihre vollen dreißig tausend; nun müssen sie wissen, solche Frauen kommen einem nicht alle Tage in den Weg, oder findet man eine, so ist sie vielleicht häßlicher als der Teufel; ists da nicht besser für mich, ledig zu bleiben?

Aber Himmel, erwiederte sie, wie können sie auch auf ein so großes Vermögen rechnen? Wie ich ihnen gesagt habe, mein theures Leben, erwiederte er, wir können mit nicht weniger auskommen. Bedenken sie selbst; jedes seine besondere Equipage, besondere Bediente, besondere Wohnung, jedes seine eigene Kasse; ziehen sie den Betrag dieser unumgänglichen Artikel ab, und wir behalten kaum genug übrig, uns mit Käse und Zwiebeln zu nähren, wenn nicht noch das Kartenglück etwas einträgt!

Miß Glare that einen Ausruf des Unwillens über Myladys Erzählung, und schwur, daß Diana Forward zwar frey genug gesprochen habe, um so eine Antwort zu verdienen, daß sie ihr aber im Grunde nicht unrecht geben könne; und, sezte sie hinzu, ich stehe nicht dafür, ob ich nicht ehe die nemliche Frage einmal an irgend jemand thun, als ein altes Mädgen werden wollte; lange kann ich den Namen Miß Glare ohnedem nicht mehr ausstehen!

Achtzehntes Kapitel.

Die Geschichte geht nicht weiter.

Das Geräusch, das die beiden Damen mit einem Gespräch machten, daß sich freilich besser ins Kabinet als ins Schauspielhaus geschickt hätte, war so groß, daß man in der benachbarten Loge die Hofnung, eine Sylbe von dem Schauspiel zu verstehen, zeitig aufgeben mußte, und daher um doch eine Art von Zeitvertreib zu finden, sich entschloß, den Rednerinnen seine ganze Aufmerksamkeit zu gönnen. Emilie und Misiris Reland waren diskret genug, ihre Gedanken über die seltsame Unterhaltung nicht laut werden zu lassen, aber Herr Reland fand dieselbe, und vornehmlich Miß Glarens Schlußworte, so komisch, daß er in ein ziemlich hörbares Gelächter ausbrach, welches, da es mit einem Blick in ihre Loge begleitet ward, den sie verdienten, sie auf einmal zum Schweigen brachte.

Bey der edlen Freyheit und Ungezwungenheit, deren sie sich rühmten, würde ihre kleine Verlegenheit nicht lange gedauert haben, aber es zeigte sich von der andern Seite ein zweytes Hinderniß, in dem angefangenen Tone fortzufahren, denn zwey flinke wohlgepuderte und reich galonirte Officiers von ihrer Bekanntschaft traten in die Loge, wodurch die Unterhaltung eine so ganz andere Wendung bekam, daß Emiliens Gesellschafter nicht auf Erneurung jenes Gesprächs hoffen durften, welches sie so sehr belustigt, und Emilien hingegen ein gutes Theil Unruhe gemacht hatte.

Sir Georg merkte die oftmalige Veränderung ihrer Farbe, und schrieb sie seiner für sie unerwarteten Erscheinung zu. Er wünschte sehr, sie zu sprechen, und folgte ihr deswegen, da das Schauspiel zu Ende war; aber die Furcht, ihr zu mißfallen, hielt ihn zurück, so daß er immer dicht hinter ihr war, bis Herr Reland sie in den Wagen hob, ohne im Stande zu seyn, ein Wort zu sprechen; doch wagte er noch eine ehrfurchtsvolle Verbeugung, und folgte ihr mit den Augen bis ihm der Wagen gänzlich aus dem Gesicht kam.

Herr Reland und seine Gemahlin hätten sich so sehr an ihren Logennachbarinnen belustigt, daß sie darüber weniger auf Emilien achteten, als sie sonst gethan haben würden; sie wurden die Veränderung in ihrer Laune nicht gewahr, fuhren fort, über das zu sprechen, was sie gehört hatten, und gaben ihr dadurch Gelegenheit, die Bewegung zu verhehlen, die Sir Georgs Anblick in ihrer Seele hervorgebracht hatte.

Sir Georgs Freeloves Angelegenheiten waren Herrn Reland und seiner Gattin nicht unbekannt, und Emilie erfuhr aus ihren Reden manches, das sie zuvor nicht wußte. Sie vernahm, der Baronet sey seit der Zeit, da sie zulezt von ihm hörte, kränklich gewesen, habe auf Anrathen der Aerzte eine Gesundheitsreise gethan, und sey bey seiner Rückkunft von einem hizigen Fieber befallen worden, welches ihn bis vor wenig Wochen bettlägerig gehalten habe; des Gerüchts ward nicht vergessen, daß sein trauriger Zustand durch eine Leidenschaft für eine junge Person verursacht worden sey, welcher er an Stand weit überlegen wär, und daß seine Krankheit, welche bald ein wenig nachgelassen, bald so überhand genommen habe, daß Verstand und Besonnenheit dahin gewesen sey, die erfahrensten Aerzte verlegen, und um die Wahl schicklicher Mittel besorgt gemacht habe.

Emilie ward von diesen Erzählungen so erschüttert, daß sie den Uebergang von ihnen zu andern Gegenständen nicht bemerkte, und sich erst dann völlig erholte, als sie den Namen ihrer alten Gönnerin Karoline verschiedene mal nennen hörte.

Ja, sagte Herr Reland, verheyrathet ist sie nun endlich, und wie ich glaube, ganz nach Verdienste. Der lüderliche Lord William F.. ist von seinem Vater fast gezwungen worden, sich um sie zu bewerben, und hat sich, wie man mich gewiß versichert, während des Brautstandes kaum so viel zwingen können, ihr höflich zu begegnen; indessen sie, welche eine närrische Leidenschaft für alles hat, was nach der Mode ist, ihn, weil jederman ihn einen Mann nach der Welt nennt, mit eben der Zudringlichkeit verfolgt hat, wie weyland Lord Shirley, und nachmals Sir Georgen. Jezt sind sie nun vermählt, und sie genießt nebst tausend andern Glückseligkeiten, die bey so einer Ehe möglich sind, die Ehre, die Nebenbuhlerin jedes erträglichen Gesichts zu seyn, das sie etwa unter ihren Aufwärterinnen hat. Vielleicht würde sich diese Modedame auf die, bey Frauen von ihren Grundsätzen gewöhnliche Art trösten, wenn Lord William, der die Sitten der Welt in diesem Stück vollkommen kennt, sie nicht mit Argusaugen bewachte. Er benimmt ihr das Vergnügen, als eine bedrängte Schöne, oder als eine von ihrem eifersüchtigen Gemahl zu sehr geliebte Frau zu dulden, über dies noch durch die grausame Anmerkung, die er ihr täglich hören läßt, daß sie zu häßlich und ihm zu gleichgültig sey, um wie ein Schatz gehütet zu werden; aber daß es seine Pflicht erforderte, für seine Ehre zu sorgen, die leider zum Theil von ihrer Aufführung abhänge. Häßlich ist nun Lady Karoline, wenn man die Verunstaltungen böser Launen und des Modeputzes abrechnet, wirklich nicht, aber man verſichert mich, ſie ſey auf gutem Wege, es durch Gram, Aergerniß und Mängel an jeder anſtändigen Freiheit zu werden.

Emilie bedauerte ihre Feindin, und zitterte, da man in dem Relandiſchen Hauſe ſo viel von der freeloviſchen Familie wußte, es möchte auch von ihren Begebenheiten zu Fairlymanor mehr bekannt ſeyn als ſie wünſchte, aber ſie irrte ſich; man hatte von Miſtris Eaſy nur ſo viel erfahren, daß ſie eine kurze Zeit daſelbſt geweſen ſey, und ſie ſelbſt pflegte, wie wohl jeder jungen Perſon, die viel mit Fremden umgehen muß, zu rathen wär, nie über ihre eigenen Begebenheiten zu ſprechen. Der beſte Beweis, daß man von gewiſſen Dingen nichts wußte, mußte ihr dieſes ſeyn, daß man mit mehr Freiheit über Sir Georgs unglückliche Liebe ſprach, als man gethan haben würde, wenn man ihren Antheil an derſelben nur entfernt hätte muthmaßen können.

Emilie litt am Ende zu viel durch Geſpräche dieſer Art, und ſie begab ſich, um ihnen zu entgehen, zeitiger als ſonſt zur Ruhe. Aber ihre Lebensgeiſter waren in ſolcher Bewegung, daß ſie kein Auge ſchließen konnte. Sie weidete ſich wechſelsweiſe an dem Gedanken, noch immer von Sir Georg geliebt zu ſeyn, und grämte ſich, Theil an ſeiner Krankheit und Schwermuth zu haben, ſo ſehr ſie auch durch dieſelbe von der Größe ſeiner Leidenſchaft über=

zeugt wurde. Wie, sagte sie zu sich selbst, wie
könnte ein Funken von Freude in meine Seele
kommen, daß ich ihm theuer genug bin, um ihm
Unruhe zu machen, da es nicht in meiner
Macht steht, diese Unruhe zu heben? Das Ge=
schwätz jener abgeschmackten Weibsbilder mag
so unerheblich seyn als es wolle, so überzeugt es
mich wenigstens hievon auf das lebhafteste, wie
thörigt ich gehandelt, in welch einen Abgrund
von Elend und Verdruß ich mich und ihn ge=
stürzt haben würde, wenn ich seinen großmü=
thigen Anträgen Gehör gegeben hätte. — Nein
Georg, ich muß mich ganz von dir trennen;
selbst das unschuldige Vergnügen, dich an öffent=
lichen Orten zu sehen, muß ich mir in Zukunft
versagen. Wir können, wie es scheint, noch
nicht dazu gelangen, einander mit gleichgülti=
gen Augen anzusehen; vielleicht wird hier in
der Folge die Zeit etwas thun, gegenwärtig
muß die Erinnerung vergangener Dinge un=
sere Herzen noch mit unaussprechlicher Angst
erfüllen. — O Emilie, was hast du ge=
than! in was für einen Abgrund bitterer Em=
pfindungen hast du dich gestürzt! Ihn zu verges=
sen ist jezt unmöglich, aber ihn zu vermeiden,
sich des Gedankens an ihn zu entschlagen, das
würde dir in jenem Augenblicke, da er anfing,
dir zu gefallen, sehr leicht geworden seyn; wa=
rum thatst du das Leichtere nicht; und hobst dir
um eines kurzen Vergnügens willen das Schwe=
rere, das Unmögliche für die Zukunft auf? —
Doch nichts mehr hievon! kein Gefühl für ihn
habe ferner Raum in diesem Herzen, als Wunsch,

ihn glücklich zu sehen. Ich glaube, ich könnte ihn in diesem Augenblicke einer andern ganz ruhig überlassen; aber sie müßte seiner vollkommen würdig seyn, müßte eben das lebendige Gefühl seines Werths haben, das mir eigen ist, und — müßte ihn so beglücken, als ich, wären die Umstände günstig gewesen, ihn beglückt haben würde.

Emilie brachte mit diesen Gedanken eine lange schlaflose Nacht hin, und eilte am Morgen zu ihrer Freundin Mistris Easy, ihr alles zu sagen, was ihr begegnet war. Die alte Dame billigte ihre Gesinnungen, die sie bey diesen Vorgängen äußerte, und bestärkte sie in dem Vorsatze, einen Mann, für den sie nun einmal nicht leben könnte, auf alle Art zu vermeiden. Ihre Ruhe hängt von der Beharrlichkeit in diesem Entschlusse ab, sezte sie hinzu, und ich bin hiervon so gewiß überzeugt, daß ich, sie wissen es selbst, all diese Zeit über nicht einmal seinen Namen gegen sie genennt habe. Seine Reise, seine Krankheit, seine Lebensgefahr und tausend andere Umstände, die sie von Herrn Reland nicht haben erfahren können, waren mir nicht unbekannt; ich hatte fast jeden Tag Nachricht von ihm, habe ihn sogar öfters besucht, aber ich hielt es nicht für gut, ihnen von ihm oder ihm von ihnen zu sagen, weil ich wußte, wie viel beyde leiden würden, wenn ihnen alles bekannt wäre, was sie gegenseitig anging.

O meine gütige, meine weise Freundin! rief Emilie, wie viel angstvolle Augenblicke haben sie mir auf diese Art erspart! mein Herz fließt von Dankbarkeit über, und ich wünschte nur einmal in meinem Leben im Stande zu seyn, ihnen das lebendige Gefühl meiner Verbindlichkeit thätlich darzulegen, aber statt aller Dankbarkeit thue ich ihnen lauter Uebels!

Uebels? wie das, mein Kind?

Ist die Unruhe, welche ich ihnen mache, nichts? — und bin ich nicht vielleicht noch überdem Ursach an einen Bruch zwischen ihnen und Mistris Freelove?

Emilie, meine Unruhe um sie ist die zärtliche Unruhe einer Mutter, die durch tausend Freuden belohnt wird, und was das andere anbetrift, so machen sie sich darüber nur keine Gedanken. Trennung von einer so stolzen, eigensinnigen und grillenhaften Person, wie Mistris Freelove, ist kein großes Uebel, und der Verlust ihrer Freundschaft, sollte ich ihn wirklich erfahren haben, wird mir reichlich durch den Gewinn der ihrigen ersezt.

Emilie war seit der lezten Begebenheit im Schauspielhause immer in Sorge, Sir Georgen irgendwo anzutreffen; gleichwohl hielt sie diese Vorstellung nur selten ab, dahin zu gehen, wo es möglich gewesen wär, ihn zu sehen. Die Besorgniß, ihn an irgend einem

Orte zu finden, machte bald darauf einer andern Platz; er ließ sich nirgend blicken, wohin sie kam, und schnell dachte sie, Krankheit oder Vergessenheit könne Ursache seyn, so daß die geduldige Mistris Easy wieder neue Klagen zu hören, neue Arten vor Trost auszutheilen bekam. „So herrschen Freude und Kummer wechselseitig im Reich der Liebe! das Glück, das sie darbietet, ist groß, aber ihre Schmerzen führen zur Verzweiflung *).‟

Neunzehntes Kapitel.

Lord Edward Montgommery.

Ungeachtet ihrer Unruhe war Emilie doch zurückhaltend genug, ihre Neugierde nie über ihre Klugheit siegen zu lassen, denn ob sie gleich gewiß wußte, Mistris Easy würde ihr über alles, was sie zu wissen wünschte, Aufschluß geben können, so entdeckte sie doch nie gegen sie das geringste Verlangen, von irgend etwas, daß Sir Georgen anging, unterrichtet zu seyn.

Herr und Madam Reland liebten das Landleben, und eilten im ersten Frühjahr nach einem schönen Landsitz, den sie in Hertfordshire hatten. Emilie begleitete sie, und auch Mi-

*) Sorrow and Ioy in love alternate reign;
Sweer is the Blifs, diftracting in the pain.

stris Easy war eingeladen, aber eine frühere
Zusage nöthigte sie, das Gesuch ihrer gemein=
schaftlichen Freunde abzuschlagen.

Die ersten Tage und Wochen an diesem
angenehmen Orte verflossen Emilien in jener stil=
len Ruhe, die einer denkenden Seele und ei=
nem fühlenden Herzen so theuer ist. Man hät=
te fürchten sollen, Einsamkeit und Einförmigkeit
würden schwermüthiges Nachdenken zu sehr be=
günstigen und sie vollends um den ganzen klei=
nen Rest froher Laune bringen, aber die Furcht
war vergebens, eben diese philosophische Ruhe,
und ungestörter Umgang mit ihren weisern Freun=
den heilte ihr Herz, oder vielmehr fing es an zu
heilen, doch nur auf kurze Zeit, denn auch zu
Relandgrave warteten die seltsamsten Abentheuer
auf sie.

Herr Reland kam eines Morgens zum
Frühstück, noch ganz erhitzt von einem Spazier=
ritt zurück, und meldete, wie er Lord Mont=
gommerys Haushofmeister begegnet sey, welcher
ihm im Vertrauen gemeldet habe, daß sein Herr
morgen von seinen Gütern in Schottland ein=
treffen würde, um den Sommer hier zuzubrin=
gen. Edward? Edward wird kommen? rief
Mistris Reland voll Freude, wir werden unsern
guten Edward wiedersehen? Du vergissest meine
Theure, versetzte Herr Reland mit einem kleinen
Lächeln über das Entzücken seiner Gemahlin,
wie das Glück mit dem ehrlichen Kolonell gespielt
hat, seit wir ihn nicht sahen; wer weis, ob seine

Gnaden ihre Freunde noch kennen werden, die ihm ehemals, als er noch Edward hieß, theuer waren.

Ja wohl hat das Glück mit ihm gespielt! rief Mistris Reland mit gefalteten Händen, erst ein Jüngling von kleinen Aussichten und großen Hoffnungen, denn im Begriff durch Liebe beglükket zu werden, denn lang lang ein Verbannter aus seinem Vaterlande, und nun auf einmal bey seiner Wiederkunft der Erbe seines unnatürlichen Bruders, der so wenig für seine jugendlichen Bedürfnisse sorgte, der Erbe des erlauchten Namens Montgommery, der Erbe großer weit ausgebreiteter Güter! — O Henriette! hättest du dieses erleben sollen! deine Gewissensbisse würden sich vermehrt haben, hättest du gesehen, was für Glanz und Größe du mit Aufopferung einiger, gewiß an Edwards Seite nicht unglücklicher Jahre hättest erkaufen können!

Ja, mein Kind, fiel Herr Reland ein; die Frage ist nur, ob seine Lordschaft die Zeugen seiner ehemaligen Niedrigkeit noch kennen wird!

Edward, Edward sollte sich verändert haben? schrie sie, ehe wollte ich an meiner eigenen Beständigkeit als an der Seinigen zweifeln!

Hören sie nur, Miß Reinolds, sprach Herr Reland, indem er sich zu Emilien wandte, wie diese Frau schwätzt, und ob einem ehrlichen Mann, der so etwas mit anhören muß, die Eifersucht zu verdenken wär.

Kennte unsere Emilie, erwiederte die alte Dame, die ganze Verkettung der Umstände, sie würde auch ohne Rücksicht auf meine Jahre, meine schwärmerischen Gefühle für einen der besten und unglücklichsten Männer entschuldigen. Sie werden ihn kennen lernen, mein Kind, werden ihnen kennen lernen diesen Edward, und ihn lieb gewinnen. Sie werden es der alten Frau verzeihen lernen, die ihn als unglücklichen Jüngling, als zurückgesetzten Liebhaber, als aus seinem Vaterland vertriebenen Mann kannte, wenn sie nun über sein Glück triumphirt, und bey der genauen Kenntniß seines edlen Charakters, sich keine Aenderung seiner Gesinnung denken kann.

Emilie sahe bald, daß der große Mann, den man in diesen Gegenden erwartete, dem guten Ehepaare gleich theuer war, und fing an sich zur Gesellschaft mit über eine Sache zu freun, die ihren Beschützern so viel Vergnügen machte, und zu welcher es nicht an großen Veranstaltungen fehlte.

Nachdem man die Zeit, da Lord Montgommery hier eintreffen würde, genauer erkundet hatte, so wurde beschlossen, ihm entgegen zu fahren, und ihm nicht eher den Einzug auf seinen Gütern zu gestatten, bis er ein oder zwey

Tage zu Relandgrave zugebracht, und Beweise von ungeänderten Gesinnungen gegen seine alten Freunde abgelegt hätte.

Herr und Madam Reland traten die Reise des Wiedersehens, wie sie es nannten, des andern Morgens vor Aufgang der Sonne an, und Emilie wurde zu Hause gelassen, um über alle Zurüstungen zu Empfang des vornehmen Gastes die Oberaufsicht zu führen.

Gegen Abend kam die Post von seiner Ankunft, und Emilie ging ihm und seinen Begleitern entgegen. Sie hatte erwartet, in dem Freunde von Mistris Reland einen bejahrten Herrn zu erblicken, aber sie sahe in Lord Montgommery einen Mann, der kaum das drey und vierzigste Jahr erreicht haben konnte, und der mit der vortheilhaftesten Gestalt ein so wohlwollendes edles Betragen verband, daß man in den ersten Augenblicken für ihn eingenommen werden mußte. Er war sehr lang; seyn Gesicht, das jezt etwas von der Sonne gefärbt, und nicht ohne die Züge lang gehegten Grams war, mußte in seinen jüngern Jahren nicht ohne Ansprüche von Schönheit gewesen seyn. Sein Kleid war eine simple Officiersuniform, und diente seinen Charakter, der frey, einfach, edel und ganz von allem Geschmack an Rang und Titeln entfernt war, zur sprechenden Bezeichnung. Er hörte sich am liebsten von seinen alten Freunden Edward nennen, und sagte Emilien, die er anfangs für eine Tochter des

Hauses hielt, das er so lange Jahre nicht ge=
sehen hatte, gleich am ersten Tage ihrer Be=
kanntschaft, sie würde ihn unendlich verbinden,
wenn auch sie mit Beyseitsetzung aller unnöthi=
gen Höflichkeiten, bald anfinge, ihn als Freund
zu behandeln.

Mylord konnte das Haus, wo er als Sohn
angesehen wurde, nicht sobald verlassen. Aus
zwey versprochenen Tagen wurden mehr als
achte, die er zu Relandgrave zubrachte, und
als es endlich die Nothwendigkeit erforderte,
daß er auch für andere als die liebsten seiner
Freunde sichtbar werden, und ihre Glückwün=
sche auf seinen Gütern annehmen mußte, so
konnte er immer nur wenig Tage von Reland=
grave abwesend seyn, und es wurde von ihm
und den Relands für ein besonderes Glück ge=
halten, daß ihre beyderseitigen Landsitze so na=
he beysammen lagen, daß der Weg aus einem
Park in den andern kaum ein Spaziergang ge=
nennt werden konnte.

Die Stunden, welche die Familie zu Re=
landgrave in Lord Edwards Gesellschaft zubrach=
te, waren die angenehmsten, deren Emilie, seit
kein Fairlymanor und kein Sir Georg mehr
für sie in der Welt war, sich erinnern konnte;
sie war unwillig, wenn sie den kleinsten Theil
dieser Zeiten wahres Vergnügens versäumen
mußte. Mylord war so gütig, so freundschafts=
voll auch gegen sie, in seiner ganzen Person war
ein gewisses Etwas, das so unwidersprechlich

einnahm, er war so unterhaltend, hatte so viel
gesehen, so viel gelitten, sprach auf eine so hin-
reissende und doch zugleich so bescheidene Art von
beyden; daß man es ja dem jungen Mädgen,
das sich gern aus den Gesprächen älterer Personen belehrte, gar nicht verdenken konnte, daß sie
Mylords Umgang suchte, wo sie wußte und konnte, und es war recht boßhaft von der muthwilligen Mistris Reland, daß sie ihr so oft durch
ihre Glossen über ihr Betragen eine Röthe ab-
jagte.

Emilie! Emilie! rufte sie ihr eines Tages
lachend zu, als Mistris Reinolds ihre Vorliebe gegen den edlen Kaledonier wieder auf ihre
eigene unschuldige Art geäußert hatte, ihr Herz-
gen ist ganz hin, und ich muß ihnen sagen, das
Ding gefällt mir; ich fing schon an, sie für eine von jenen kalten gefühllosen Seelen zu halten, die durch nichts in der Welt gerührt werden.

Madam! — Madam! stammelte Emi-
lie, in der That, ich schätze Mylord hoch —
aber —

Aber — aber! mich dünkt, sie würden
sich weniger weigern, Lady Montgommery als
Mistris Languish zu werden. Nun der Tausch
ist in der That nicht übel, und ich gratulire
ihnen im voraus; denn mich dünkt, seine Lordschaft fühlen in der Stille das nehmliche für
Emilien, wie sie für ihn.

O Madam, wie beschämen ſie mich! — Glauben ſie, meine Neigung für Lord Edward iſt nicht Liebe, iſt eine Art heiliger ehrfurchtsvoller Freundſchaft, die ich vorher noch nicht kannte! —

Still! kleine Heuchlerin! und beantworten mir nur die Frage, ob ſie Nein ſagen würden ſie, wenn Lord Edward ihnen ſeine Hand anbieten ſollte? —

Ich kann mir keinen ſolchen Fall als möglich vorſtellen; gewiß Madame, das wird nie geſchehen. —

Geſezt nun aber, es geſchähe!

Der Gedanke immer der Geſellſchaft eines ſo edlen Mannes zu genießen, wär in der That etwas — — aber — aber; genug ich kann nicht ſagen, daß ich einen ſolchen Antrag wünſchte, und hoffen läßt er ſich gar nicht!—

Emilie, Edward iſt der beſte angenehmſte Mann, den ich kenne; daß er ſie liebt, iſt ſo gewiß, als daß ſie ihn lieben, zwar iſt er ſo alt, daß er wohl ihr Vater ſeyn könnte, aber ich würde es ihnen ſehr verdenken, wenn ſie dieſes zur Hinderniß einer der glücklichſten Verbindungen machen wollten!

Madam, ich finde, daß ich mein ganzes Betragen ändern muß!

Das sollen sie nicht! fahren sie fort, nach ihrem Herzen zu handeln, ich finde nichts tadelhaftes in ihrer Aufführung! — Das übrige sey dem Schutz des Schicksals überlassen!

Hier wurde das Gespräch unterbrochen, Lord Edward, der von einem kurzen Spaziergang aus dem Park herauf kam, war es selbst, der die Unterredung störte, deren Inhalt er gewesen war. Aber Emilie änderte, ungeachtet ihres Vorsatzes, nichts in ihrem Betragen. Der Zwang von einigen Viertelstunden, den sie sich anlegte, ward bald auf die Seite gesetzt, sie war wieder so geschäftig um ihren Freund wie zuvor, und er so zärtlich gegen sie, als er immer pflegte. Die Namen, meine Emilie, mein Kind, holdes trautes Mädgen wurden so oft gebraucht wie immer, und Mistris Reland unterließ nicht, alles mit bedeutenden Emilien merkbaren Winken zu bezeichnen, die denn wieder auf einige Zeit in ihren Zwang zurück geschreckt wurde, um ihn, ehe sie es sich versahe, von neuem zu brechen.

Mylord, der einige Tage daher sehr ernst und tiefdenkend gewesen war, hatte heute alles düstere Wesen abgeworfen, und kam auf den Artikel, auf welchen er selten kam, auf umständliche Erzählung einiger Bruchstücke aus seinen Reisen.

Die Geschichte war lang, denn sie betraf eine militärische Expedition, und welcher Kriegsmann, sollte er auch so bescheiden seyn wie Lord
Reinolds 2. Th. M

Edward, (der wirklich bey der ganzen Sache seinen Nahmen nicht einmal nennte,) kann sich bey solchen Gelegenheiten ganz kurz fassen! Es ward Abend, und wahrscheinlich würde es Mitternacht geworden seyn, ohne daß die horchenden Zuhörer an Unterbrechung gedacht hätten, wenn nicht der Erzähler einige mal einen Namen genennt hätte, der Emilien aufmerksam machte, und sie endlich zu einer Frage nöthigte.

Lieutenant Wildham? rief sie, Lieutenant Henrich Wildham war der tapfere Mann, von welchem sie sprechen?

Henrich Wildham, wiederholte er, kein anderer als mein braver Henrich, der mit mir nach Europa zurück gekommen ist, und den ich, so bald er von London zurück kommt, wo er seiner verlornen Gattin und seinem unglücklichen Kinde nachspäht, meinen alten Freunden und meiner neuen Freundin vorstellen werde, der er, wie es scheint, ein älterer Bekannter ist als mir.

Verzeihen sie, Mylord, erwiederte die erfreute Emilie, ich kenne Heinrich Wildham nicht persönlich, aber seine Gattin kenne ich, und o Gott, wie werde ich sie durch die Nachricht erfreuen, daß ihr so lang beweinter Mann, der Vater der armen kleinen Betsi lebt, in England lebt, noch ihrer denkt und sie aufsucht! O Mylord, ich bitte nur noch um einige Umstände aus seinem Leben in der Fremde, und denn eile ich sogleich, meiner Freundin alles zu schreiben, und sie zu der glücklichsten Frau von der Welt zu machen.

Mylord that das, warum Emilie bat, und diese entfernte sich, nachdem sie genug gehört zu haben glaubte, mit Eil, Mistris Wildham die erfreuliche Post von dem größten Glück mitzutheilen, das ihr auf der Welt begegnen konnte.

Aber schnell kam sie zurück, um seine Gnaden zu ersuchen, er möchte doch auch lieber heute noch an Henrich Wildham schreiben, damit das Glück der beyden Liebenden beschleunigt, und ihre Freundin nicht zu lang in fruchtloser Erwartung erhalten würde.

Er soll alles aufs eiligste erfahren, erwiederte Mylord, aber er darf nicht nach dem Orte, wo seine Frau lebt, bis er erst zu Relandgrave eingesprochen ist, um sich bey seiner großmüthigen Freundin, die er schwerlich auch nur dem Namen nach kennt, für die eifrige Verwendung zu seinem Besten zu bedanken.

Mylord sprach diese Worte mit einem solchen Uebermaß von Gefühl aus, und drückte Emiliens Hand dabey so fest in der seinigen, daß sie mit glühender Röthe übergossen ward, einen verwirrungsvollen Blick auf Mistris Neland warf, und nach einer kleinen Verbeugung auf ihr Zimmer floh, ihren Brief zu vollenden.

M

Zwanzigstes Kapitel.

Entwicklung dunkler Gefühle.

Was für ein Mädgen! rief Mylord, indem er ihr nachsahe. An Schönheit eine zweyte Henriette, und an Gemüth — weit mehr als sie — ein Engel! —

Ich bitte sie, fuhr er nach einer Weile fort, indem er sich zu Mistris Reland wendete, sagen sie mir etwas von der Freundschaft zwischen Emilien und Mistris Wildham, mir ist alles wichtig, was das theure Mädgen angeht, und ich möchte gern ihre ältesten Geschichten kennen.

Mistris Reland versicherte, daß die Person, für deren Bestes Emilie so zärtlich besorgt wär, nur den Namen einer zufälligen Bekannten führen könne, und daß nicht das, was man Freundschaft nennen dürfe, sondern blosses Mitleid die Triebfeder ihres edlen Verfahrens sey.

Edward wünschte weitere Erklärung, und die Dame sagte ihm alles, was sie durch Mistris Easy von diesen Dingen erfahren hatte. Die mannigfaltigen Züge von Großmuth und treflichen Gesinnungen, die diese kleine Geschichte enthielt, veranlaßten ein langes Gespräch zwischen den Relands und ihrem Freunde, wovon

Emilie der Hauptinhalt war. Die Muthmaſſungen der alten Dame von Mylords geheimen Geſinnungen gegen ihre junge Freundin wurden durch ſeine Geſtändniſſe gerechtfertigt, und man vertiefte ſich in dieſen Dingen ſo ſehr, daß man es nicht ungern ſahe, daß Emilie um Erlaubniß bitten ließ, nicht bey der Abendtafel zu erſcheinen, weil die Poſt nach Beltonhall dieſe Nacht abgehe, und ſie es für gut hielt, Miſtris Wildham umſtändlich zu ſchreiben.

Und könnten ſie ſich im Ernſt entſchlieſſen, fragte Herr Reland, nachdem Edward ſein ganzes Herz vor dem guten Ehepaar ausgeſchüttet, und ihm alle ſeine Empfindungen und Wünſche in Anſehung Emiliens enthüllt hatte, könnten ſie ſich entſchlieſſen, bey ihrem gegenwärtigen Rang und Vermögen, einem Mädgen ohne alle Anſprüche, einem Mädgen wie unſere Emilie, die nichts beſitzt, als Schönheit und Tugend, Hand und Herz anzubieten?

Fragen ſie lieber, erwiederte Edward, ob ich es mit Hoffnung thun könne? Ich bin nicht mehr jung, und ſie iſt in der erſten Blüthe des Lebens. Gram und eine verunglückte erſte Liebe haben mein Herz ſo zerrüttet, daß ich bey dem vollen Gefühl von Emiliens Reizen, bey dem heiſſen Wunſch, ſie mein Eigenthum nennen zu können, ihr doch nicht das anbieten kann, was man Liebe nennt. Nein, mein Freund, ich liebe Emilien nicht, wie ich Henrietten liebte, ich glaube ſogar, ich könnte ſie einem andern gönnen als mir, wenn ich wüßte, daß er sie glücklicher machen würde, und da ich mir dieses nun als sehr wahrscheinlich denken kann, sprechen sie, wo soll ich Muth hernehmen, das Mädgen, das ich verehre, zu bitten, sie möchte sich doch gefallen lassen, an der Seite eines alternden kaltherzigen Mannes, ihre Jugend auf eine geschmacklose Art zuzubringen?

Wenn nun aber Emilie anders dächte, fragte Mistris Reland, wenn sie nun im Stillen eben das für sie fühlte, was sie empfinden?

Ich muß ihnen gestehen, erwiederte Lord Edward vertraulich, Emiliens Betragen hat mich oft auf diese Gedanken gebracht; aber gesetzt nun, es sey möglich, daß sie die ganze schwärmerische Neigung einer jungen unerfahrnen Seele auf mich würfe, würde sie denn nicht auch darum unglücklich an meiner Seite seyn, weil ich ihr nichts dagegen anbieten könnte, als Bewunderung, und den höchsten Grad von Freundschaft, der sich denken läßt, eine Art von Freundschaft, an deren Existenz ich, ehe ich Emilien sahe, gewiß gezweifelt haben würde.

Ihr seyd beyde ein paar liebe seltsame Seelen, versetzte Mistris Reland mit Lachen, und ich glaube, daß ihr das glückseeligste Paar werden müßt, welches je die Sonne beschienen hat, eben weil eure kleinen Grillen so wunderbar übereinstimmen.

Was meynen sie, meine mütterliche Freundin, erwiederte Edward. Wissen sie Emiliens Gesinnungen gegen mich? sollte je von mir zwischen ihnen die Rede gewesen seyn?

Darf ich aus der Schule schwatzen? fragte Mistris Reland, doch sie sind mein älterer Freund als Emilie, und ihr geschieht durch den kleinen Verrath, den ich an ihr begehe, kein Schaden. — Wissen sie also, Emilie liebt und schätzt sie, doch wie das Närrchen meynt, nicht mit Liebe, nein mit bloser lauter ehrfurchtsvoller heiliger Freundschaft, auch hat sie die nehmlichen Zweifel, daß sie je daran denken werden, sie zu ihrer Gemahlin zu machen, wie Mylord, daß sie es sich gefallen lassen wird, es zu werden, dieses alles habe ich heute, mühseelig genug, abgefragt, weil ich euer beyderseitiges Wesen längst bemerkt und meine Gedanken darüber gehabt habe. O Leute! Leute! ich glaube, ihr werdet nie den Muth haben, euch gegen einander zu erklären, ihr werdet ewig eurem Glücke den Rücken kehren, wenn sich nicht eure Freunde in die Sache mischen, und euch beiderseits verständigen? Wollen sie mir den Auftrag zu dieser Erklärug geben, Mylord, so spreche ich morgen mit Emilien, und sie wird ungezweifelt die Ihrige.

Thun sie es nicht, Madam, erwiederte Lord Edward nach einem ziemlich langen Stillschweigen, ich fühle, ich muß in dieser Angelegenheit selbst mit dem Mädgen meines Herzen sprechen. Es ist mir zu viel daran gelegen, ihre Gesinnungen gegen mich ganz zu kennen, und am besten werde ich dieselben belauschen, wenn ich sie einst plötzlich mit einem Antrage überrasche, den sie weder erwartet noch vermuthet!

Man trennte sich, und Edward hatte eine der unruhigsten schlaflosesten Nächte, seit seine erste unglückliche Leidenschaft ihn nicht mehr des Schlafes beraubte, welches wohl schon seit mehreren Jahren nicht mehr geschehen seyn mochte. Er machte sich Zweifel, kämpfte mit sich selbst, und gestand seinen Freunden am Morgen, es sey ihm gegangen, wie allen alternden Männern, die sich um ein junges Mädgen bewerben.

Emilie war diesen Tag so voll von dem Glück ihrer Bekanntin, daß sie mit Mylord von nichts sprach als von Mistris Wildham, Henrich Wildham und der kleinen Betsi, es war ihr eigentlich einerley, wovon sie mit Lord Edward redete, wenn sie nur seine Gesellschaft geniessen konnte, die ihr jede Unterhaltung verschönerte; diesen Tag konnte also nichts von der großen Erklärung vorfallen, welche Mistris Reland so sehnlich wünschte, und so gewiß hofte, daß sie nicht umhin konnte, Mistris Easy etwas von dem bevorstehenden Glück ihrer jungen Freundin schriftlich zu melden.

Mistris Easy war damals in einem entfernten Theil des Königreichs, gleichwohl kam

ihre Antwort auf die Nachricht, die ihr so viel
Freude machte, ehe nach Relandgrave, als Lord
Edward und Emilie noch einen Schritt weiter
waren als am ersten Tage. Er kam fast nicht
von ihr, ging und saß stundenlang an ihrer Sei=
te, horchte ihrem Gesang, ihrem Saitenspiel,
ihren holdseeligen Reden mit Entzücken zu, oh=
ne ihr nur einen von denen unter Liebenden so
gewöhnlichen stummen Beweisen seiner Leiden=
schaft zu geben. Zu einem wörtlichen Geständnisse
kam es vollends gar nicht, immer hatte er Wor=
te von dieser Art auf der Zunge, aber wie konn=
te er sie über seine Lippen bringen, gleichwohl
war es nicht Furcht, Zaghaftigkeit, oder Zwei=
fel, was ihm die Worte stahl, sondern ein ande=
res unerklärliches Etwas, wahrscheinlich eben
das Gefühl, welches es auch Emilien so erwünscht
machte, daß Mistris Relands Prophezeyhungen
nicht einträfen, und daß der geliebte Edward
es sich nicht einfallen ließ, ihr jemals etwas an=
ders als Freund zu seyn wollen.

Mistris Reland war am Ende darüber
unwillig, nannte sie einst im Zorn ein paar ein=
fältige platonische Seelen, und schwur, so bald
Mistris Easy nach Relandgrave kommen wür=
de, wie sie ihr in ihrem heutigen Briefe verspro=
chen habe, so solle die Sache schon aufs Reine
gebracht werden.

An eben dem Tage, da Mistris Easys
Brief erschien, traf auch Lieutenant Henrich
Wildham zu Relandgrave ein. Er verlangte den

jungen Frauenzimmer vorgestellt zu werden, welches so vielen Antheil an den Schicksalen seiner Frau und an den Seinigen genommen hatte, und das Werkzeug ihres beyderseitigen Glücks geworden war. Emilie empfing ihn mit ihrer gewohnten guten Art, sprach viel mit ihm über seine Abentheuer in der neuen Welt, und bat ihn um eine umständlichere Erzählung desjenigen, was ihn aus seinem Vaterlande getrieben, und unter einem entfernten Himmelsstrich, das aus ihm gemacht habe, was er wahrscheinlich in England nicht gewesen war.

Ich verstehe sie, Madam, erwiederte er, Melville wird ihnen gesagt haben, daß Henrich Wildham, der in Europa nicht im Stande war, eine unglückliche Gattin vor den Verfolgungen niedrig gesinnter Verwandten zu schützen, gezeigt habe, daß doch vielleicht ein Funken Muth in ihm lag, den er selbst nicht kannte, und den das Unglück zum Vorschein bringen mußte; Unglück, Madam, ist eine große Lehrmeisterin, und entwickelt Kräfte in uns, welche bey heitern Tagen ganz verloren gegangen wären. Doch ich halte sie mit Moralisiren auf, und sie verlangen eine Geschichte; aber werden sie mir verzeihen, wenn ich sie hierinne an meinen Melville verweise? ich bin ein schlechter Erzähler, aber er —

Melville? rief Emilie, die durch Nennung dieses Namens im Innersten ihrer Seele erschüttert wurde, wer ist dieser Melville, den sie nun schon zweymal genannt haben? Ich bitte sie, kannten sie einst einen Melville? antworten sie, mein Herr, mir liegt mehr hieran, als sie vielleicht denken!

Verzeihung, Madam; ich merke, ich habe wider den Wohlstand gesündigt, den glücklichen Mann, der, wie die Rede geht, nun bald ihr Gemahl werden wird, bey seinem Soldaten-Namen zu nennen, aber Kolonell Edward Melville ist mir mehr werth, als Lord Edward Montgommery, und ich — — — —

Ich verstehe sie nicht, mein Herr! was hat Lord Montgommery mit Edward Melville gemein? und wenn und wo sahen sie den letzten? nur dies lassen sie mich wissen, für das andere habe ich jezt keine Gedanken.

Madam! — — —

Nur etwas von Edward Melville, ich bitte sie! war er nicht ein Schottländer von Geburt? trieb ihn nicht unglückliche Liebe aus England? Lebt er noch? und wo ist er?

Ich erstaune, Madam! Sollte ihnen unbekannt seyn, daß der Tod eines ältern Bruders, Kolonell Melville in Lord Montgommery verwandelte, und daß dieser Melville, nach dem sie so theilnehmend fragen, und mein glücklicher Freund, Lord Edward, den die Welt ihren Bräutigam nennt, eine Person sind?

Lord Edward, Melville? — Melville? o Freude! nein, das ist unmöglich!

Miß! sie zittern! Sie werden bleich! Gott was ist ihnen? Soll ich ihrem Mädgen klingeln?

O mir ist nichts, mein Herr! rief Emilie, die sich zu fassen suchte, machen sie sich keine Sorge! — Ich hoffe, sie werden vor Ihrer Abreise nach Beltonhall wieder zusprechen, und mir erlauben, ihnen einige schriftliche Freundschaftsversicherungen an Mistris Wildham mit zu geben.

Lieutenant Wildham verstand den Wink sich zu entfernen, verbeugte sich und ging.

Emilie aber sank in einer Gemüthsbewegung, die sich unmöglich schildern läßt, auf ihren Stuhl zurück, und war lang nicht im Stande, etwas anders zu denken als die Namen Montgommery und Melville. Also, rief sie endlich in einem Uebermaß von Entzücken aus, also hätte ich ihn so unvermuthet gefunden, meinen theuren Vater? hätte ihn gefunden in meinem besten Freunde? O nun kann ich mir die Gefühle meines Herzens und die Seinigen erklären! Nicht Liebe, nein, väterliche und kindliche Zärtlichkeit ists, was wir für einander fühlten! O Natur, Natur! wie vernehmlich spricht deine Stimme in unserm Herzen, wenn wir sie nur immer zu deuten wüßten!—

Wär Emilie länger mit sich selbst alleine geblieben, so ist kein Zweifel, ihre Entzückungen hätten endlich unangenehmen Betrachtungen Platz machen müssen. Sie kannte die Gedanken, die ihre Freunde von der wechselseitigen Neigung zwischen ihr und Lord Edward hatten, und die Mühe, die man sich gab, sie beyde durch Bande zu vereinigen, die unter ihnen nicht statt haben konnten; wie leicht wär es möglich gewesen, da beyden ihre Leidenschaft für einander ein Räthsel war, daß sie der Dolmetschung ihrer Freunde getraut, das, was sie fühlten, für Liebe genommen, und einander geheyrathet hätten? Nur der Name Melville, der Emiliens Mutter in den traurigen Stunden ihrer Erkennung fast von ohngefehr entfiel, und den sie jezt eben so durch blosen Zufall aus Wildhams Munde hörte, kam einem verbrecherischen Bündnisse zuvor, und riß beyde vom nahen Abgrunde zurück. Welch ein erschütternder Gedanke, dem Verderben nahe gewesen, und nur durch eine Art von Ungefehr gerettet worden zu seyn!

Ueber diese Dinge nachzudenken, hatte Emilie keine Zeit, sie war noch nicht aus dem ersten Entzücken über das Glück, einen Vater gefunden zu haben, zurück, als sich die Thür ihres Zimmers öfnete, und eben derjenige hereintrat, mit welchem sich jezt ihre Gedanken beschäftigten.

Emilie, zu voll von dem, was ihr eben begegnet war, als daß sie hätte sprechen können, flog ihrem Freunde mit sprachloser Freude entgegen. Das Wort Vater schwebte auf ihren Lippen, aber sie vermochte es nicht auszusprechen, und Thränen strömten aus ihren Augen.

Emilie! meine Emilie! rief Lord Edward, was ist ihnen? was für Thränen? wer hat meine Liebe beleidigt?

Thränen der Zärtlichkeit, Mylord! stammelte sie — o Melville! Melville! süsser entzückender Name! warum mußte ich dich nicht eher hören?

Emilie hatte hier eine von Edwards Händen gefaßt, die sie mit Küssen und Thränen bedeckte, und sich von ihrem beschämten Freunde nicht entreißen lassen wollte.

Mein Kind, meine Emilie, rief er, wozu diese außerordentliche Bewegung, in einem Augenblicke, da ich selbst alle meine Fassung nöthig habe, um ihnen eine Entdeckung zu machen, die lange auf meinen Lippen schwebte, und die man mir endlich fast mit Gewalt entreißt.

O die süsseste herrlichste aller Entdeckungen! schrie Emilie, die Lord Edward falsch verstand, ja, lassen sie mich sie aus ihrem Munde hören, ungeachtet ich schon alles weis!

Sie wissen alles, meine Theure? und sie erlauben mir, daß ich reden darf? — Emilie! du liebst mich, das ist offenbar! mich von dir zu trennen wär mein Tod! gleichwohl fängt die Schmähsucht an, unserer Freundschaft gehäßige Namen zu geben, und unsere Freundin Reland sagt mir, wir müssen uns trennen, wenn ich dich nicht schnell auf die feyerlichste Art zu meinem Eigenthum mache; willst du es werden, Emilie? willst du die Meinige werden?

Was meynen sie, Mylord, stammelte die zitternde Emilie, die jetzt erschrocken zurück trat, und Edwards Hand sinken ließ.

Können sie sich entschliessen, Miß Reinolds, fuhr Lord Montgommery mit etwas gemäßigtem Afekt fort, können sie sich entschliessen, die Frau eines alternden Mannes zu werden, der ihnen keine Liebe, nur Freundschaft, anzubieten hat?

Ihre Gemahlin? sagte Emilie mit kaum hörbarer Stimme, indem sie zu seinen Füßen sank, ihre Gemahlin, Mylord? — Ich bin ihre Tochter!

―――――――

Ein und zwanzigstes Kapitel.

Emilien bricht ein schöner Tag an.

Niemand hat Emilien und Lord Montgommery in den heiligen feierlichen Augenblicken belauscht, da sich das gröste Geheimniß ihres Lebens vor ihren nach und nach entwickelte, da es ihnen erst möglich, dann wahrscheinlich, dann nnumstößlich gewiß ward, daß die Natur sie bereits näher verbunden hatte, als sie je werden konnten. Sie selbst wußten nach der Zeit wenig von den Umständen dieser großen Scene zu sagen, und wir sind also nicht im Stande, sie unserm Leser mit Wahrheit auszumahlen. Vermuthlich kam man durch Fragen und Gegenfragen endlich zu der Ueberzeugung der süssesten und nähesten Verwandschaft, welche die Welt aufzuweisen hat, denn Lord Edward, der anfangs nichts von Emiliens Worten begrif, und fast geneigt schien, einen Zweifel in die Gegenwart ihres vollen Verstandes zu setzen, schloß sie am Ende eines halbstündigen verwirrungsvollen Gesprächs, mit dem Namen Tochter in seine Arme, und breitete denn die Hände gen Himmel aus, ihm zu danken, daß er ihn noch zeitig genug von der Gefahr eines widernatürlichen Bündnisses zurück gerissen hätte.

Man begunnte jezt gelassener zu sprechen, aber schnell erhuben sich von beiden Seiten neue Fragen, deren Menge und die Unmöglichkeit sie

bey

bey der gegenwärtigen Gemüthsbewegung zu be=
antworten, die Verwirrung erneuerte, und beyde
zu dem Entschluß brachte, sich für den gegen=
wärtigen Augenblick zu trennen, und einander
nicht eher als nach einiger Fassung wieder zu se=
hen.

Die Zeit, die man sich zu dieser so nöthi=
gen Fassung nahm, war sehr kurz, denn ehe ei=
ne Stunde vergieng, war Lord Edward schon
wieder in Emiliens Zimmer.

Sage mir alles, mein Kind, rief er, in=
dem er sich neben sie setzte, sage mir, wie es
möglich ist, daß du, die Tochter meiner Hen=
riette, in der Lage bist, in welcher du dich gegen=
wärtig befindest. War deine Mutter nicht gü=
tiger gegen dich als gegen deinen unglücklichen
Vater? verstieß sie dich, wie sie mich verstoßen
hat? — Wie lebte, wie starb sie? dachte sie
meiner vor ihrem Tode? und wie sorgte sie für
dich?

Emilie beantwortete alles, und erzählte
von ihrer Erziehung bey Mistris Davson, de=
ren Namen Edward wohl kannte, bis auf die
schrecklichen Scenen bey Lady Wilmorens Tode,
alles so umständlich, daß der glückliche Vater
völlig überzeugt und befriedigt seine wiederge=
fundene Tochter von neuem an seine Brust drück=
te, und ihr bekannte, was auch sie ihm ohne
Rückhalt gestand, daß er gegen sie, wie sie gegen
ihn, beym ersten Anblick, eine unwiderstehliche

Neigung gefaßt habe, welcher er den Namen Liebe ungern, und fast nur auf Zureden seiner Freunde zugestanden habe. Daß er an eheliche Verbindung allemal mit einem geheimen Zurückbeben gedacht, und doch aus Furcht, ohne dieselbe, ihrem Umgang entsagen zu müssen, sich endlich zu derselben entschlossen habe, und daß ihm jezt erst wohl sey, da er die wahre Natur seiner Gefühle für sie kenne, und sich an dem Gedanken weiden dürfe, sich nimmer von ihr trennen zu müssen.

Emilie konnte die Rede ihres Vaters fast Wort für Wort auf ihre eigenen Gefühle anwenden. Beyde freuten sich ihres Glücks, und Lord Edward machte sich gefaßt, nun auch seiner Seits eine Erzählung zu beginnen, die seine Tochter nur unvollständig aus dem Munde ihrer unglücklichen Mutter hatte erhalten können.

Ja, Emilie, fieng er an, ich liebte deine Mutter, mit der höchsten reinsten und uneigennützigsten Leidenschaft; ihre Person, und ihr Gemüth, dessen geheime Flecken ich nicht kannte, ihr ganzes liebenswürdiges Selbst, nicht ihr Rang und Vermögen war es, das mich zu ihr hinriß. Ich versuchte alles was ich konnte, sie zu Annahme meiner Hand zu bewegen, da ich nicht ohne Hoffnung war, ihr Vater würde sich, wenn wir nicht mehr getrennt werden könnten, mit der Wahl einer so sehr geliebten und einigen Tochter aussöhnen lassen. Henriette, die ihren

Vater vielleicht besser kannte, und keinen Trieb in sich fühlte, der Liebe alles aufzuopfern, bedachte nicht, daß diese Leidenschaft uns bereits schon so nahe verbunden hatte, daß wir uns ohne Verbrechen nicht scheiden konnten, und blieb taub bey meinen Bitten. Mein Regiment wurde bald darauf nach Irrland beordert. Ich schifte mich zu Parkgate mit der Todesangst eines Mannes ein, welcher sich von allem losgerissen fühlte, was ihm theuer ist. Nichts, selbst die Betrachtung, daß meine Zärtlichkeit nur schlecht erwiedert wurde, konnte mich Henrietten vergessen machen. Ich brachte drey Jahr an dem Ort meiner Bestimmung zu, und versuchte alle Mittel, meine Treulose aus dem Gedächtniß zu bannen; vergeblich. Nach dieser Zeit kehrte ich in mein Vaterland zurück, und die erste Nachricht, welche mir entgegen kam, war Lady Henriettens Vermählung mit Mylord Herzog von Wilmore. Dies war der stolze Wunsch des ehrsüchtigen Vaters und seiner ihm gleichgearteten Tochter gewesen, dies war der glänzende Preiß, um welchen ihr verwahrlostes Herz die Seeligkeit treuer Liebe verkaufte, und ich Thor konnte noch so manche, von ihr auch diesmal vereitelte Versuche machen, die Untreue zu sehen, und sie von einem Schritte zurück zu halten, der, wie die Folge gelehrt hat, sie noch unglücklicher machen sollte als mich. Liebe war es nicht, was sie zur Gemahlin des großen Mannes machte, ich war ihrem Herzen, in der Stille vielleicht noch immer nicht ganz gleichgültig. Man hat mich berichtet, daß sie an dem Tage, da sie ihrem vornehmen Bräutigam die Hand geben sollte, Todeskampf gekämpft, bald Verdacht von vorgehabter heimlicher Flucht erregt, bald ihrem Vater von neuem Gehorsam geschworen habe, bald an den Putztisch geeilt sey, sich zu dem vorhabenden Opfer zu schmücken, bald die Stundenlange Arbeit ihrer Kammerfrauen zerstört und sich mit meinem Bilde eingeschlossen habe, von welchem sie sich auch eine halbe Stunde vor der Trauung erst losgerissen habe, und in dem zerstörtesten Anzuge vor den Altar geeilt sey. Wahrscheinlich litt an diesem schrecklichen Tage ihr Verstand zuerst den Schaden, den sie ihr ganzes Leben hindurch nicht ganz verwinden konnte, und der endlich ihr Ende so traurig machte. — Ich bin unschuldig an ihrem Unglück, ich habe ihr nicht geflucht; aber dies ist wahr, daß mich die Nachricht von der vollzogenen Heurath in halbe Verzweiflung stürzte, und daß ich froh war, eine Gelegenheit nach Minorka zu finden, von wo ich mich nach und nach immer weiter von meinem Vaterlande entfernte, in der Hoffnung, unter einem fremden Himmel vielleicht die Heilung meines tödlich verwundeten Herzens zu finden. Ich leugne es nicht, ich nahm eine dunkle Wissenschaft mit mir, Henriette habe mir eine Tochter gebohren; aber es wird einem jungen Menschen in meiner Lage vielleicht zu verzeihen seyn, daß, da die Mutter für ihn verloren war, er sich nur wenig um das Kind bekümmerte, von welchem er über das hoffen konnte, es würde nicht so von seiner Mutter verstoßen werden, wie diese den Vater verstoßen hatte. Emilie! du weißt, wie diese Hofnung erfüllt ward, und ich läugne es nicht, wenn ich dich anblicke, wenn ich alles erwäge, was du in deiner unverdienten Niedrigkeit littest, noch mehr, was du hättest leiden, was aus dir hätte werden können, so empört sich mein Herz wider die Urheberin deines Unglücks, die nur dann erst sich entschloß, für dich zu sorgen, als sie es nicht mehr konnte, und ich — und ich — —

Halten sie ein, mein Vater, rief Emilie, schonen sie die Asche einer Person, die vielleicht nicht ganz ohne Entschuldigung ist.

Entschuldigung? erwiederte er, doch, was wollte dein gutes Herz nicht entschuldigen können. — Aber nein, sage mir nichts mehr hievon, ich würde dich hassen, wenn du deine grausame Mutter entschuldigen, ich würde fürchten, daß du ihr denn einst gleich handeln könntest. — Doch laß uns hievon abbrechen. — Ich dachte damals noch nicht so von Henrietten wie jezt, auch ich entschuldigte sie, und hegte den thörigten Wunsch, die grundlose Hofnung unabläßig in meiner Seele, ich könne sie einst bey meiner Rückkunft nach Europa — (denn bald verschlug mich mein Schicksal in die entferntesten Welttheile) — als Witwe finden, und doch noch an ihrer Seite glücklich seyn; ein Wahn, der mich von jeder Verbindung mit einem andern Frauenzimmer zurück schreckte.

Meine Begebenheiten während so vieler Jahre der Abwesenheit erfährst du ein andermal, einen Theil derselben, an welchen Henrich Wildham, den ich in Jamaika kennen lernte, Antheil hat, weißt du schon. Der Tod meines ältern Bruders war es, was mich endlich nach Europa zurück rief. Ich war nun nicht mehr der kleine von der stolzen Henriette verachtete Kolonell Melville, ich war Lord Edward Montgommery, ein Titel, zu welchem ich nie die geringste Hofnung gehabt hatte, da ich mehrere Brüder hatte, die älter als ich, dieser Ehre näher standen; aber das Glück, das allemal seltsam mit mir spielte, hatte mir durch den Tod mehrerer Personen eine Aussicht geöfnet, die weder mir, noch meiner stolzen Verächterin je hatte in den Sinn kommen können. Ich war so hartnäckig in meiner Neigung gegen Lady Wilmore, daß ich mich blos um ihrentwillen über eine Sache freute, die mir sonst gleichgültig oder vielmehr, durch die Art, wie sie mir zu Theil ward, traurig gewesen seyn würde. — Die Nachricht von dem Tode des Herzogs von Wilmore war zu uns herüber gekommen, und ich schifte mich mit den entzückendsten Hofnungen ein, meine alten Rechte auf seine Witwe geltend zu machen, und nun mit meiner ersten so treu geliebten Gebieterin glücklich zu seyn; aber welch Entsetzen befiel mich, als ich die betrübte Verwechselung der Namen erfuhr, als ich beym ersten Fußtritt auf meinen vaterländischen Boden vernahm, daß nicht der Herzog, sondern die Herzogin von Wilmore, ein Raub des Todes geworden sey. Laß mich einen Vorhang über eine der traurigsten Epochen meines Lebens ziehen. Du hast die Spuren des verzweifelnden Grams noch auf meinem Gesichte gesehen, nichts konnte sie tilgen, nichts mich frohere Gefühle kennen lehren, als deine Erscheinung. Wir haben einander die Geschichte unserer beiderseitigen Empfindungen mitgetheilt; Gott sey gelobt, der uns der Entwickelung derselben zeitig genug entgegen führte! Noch bin ich überrascht, erstaunt, entzückt, die Tochter, nach welcher ich bey meiner Rückkunft nach Europa überall Nachfrage that, in dir gefunden zu haben. Ich wußte, daß ich Vater war, hatte mit Mühe endlich so viel herausgebracht, daß du von deiner Mutter Mistris Davson anvertraut worden warest, aber der Ort, wo diese Mistris Davson gelebt hatte, war längst von andern eingenommen, man kannte ihren Namen nicht mehr, und kaum konnte ich aus den Todenlisten so viel erfahren, sie sey gestorben. Von dir wußte niemand etwas zu sagen. Ich tröstete mich mit der Hofnung, deine Mutter werde so für dich gesorgt haben, daß du, wenn auch nicht als ihre Tochter, doch einigermaßen deinem Stande gemäß leben könntest; ach sie hatte es nicht gethan, und ihre Härte gegen dich ist das sicherste Mittel, ihrem Andenken den Werth zu benehmen, den es sonst ewig bey mir gehabt haben würde.

Emilie bat für ihre unglückliche Mutter, und es gelang ihr endlich, den aufgebrachten Mel=

ville einigermaßen mit ihr auszusöhnen, und ihm das Geständniß abzunöthigen, die Unglückliche verdiene wenigstens eben so viel Mitleid als Anklage.

Zwey und zwanzigstes Kapitel.

Lady Emilie Montgommery.

Lord Edward beschloß die lange Unterhaltung mit seiner Tochter endlich durch die Frage, ob ihre gemeinschaftlichen Freunde von dem, was zwischen ihnen vorgegangen sey, Muthmassung hätten?

Ich glaube schwerlich, mein Vater, erwiederte sie; die fröhlichste aller Entdeckungen ist mir selbst zu neu, als daß ich noch irgend jemand von derselben Theil gegeben haben könnte, auch würde ich Bedenken getragen haben, dieses zu thun, da ich nicht wußte, ob Lord Montgommery seine unglückliche Tochter anerkenne, ob er den schwachen Beweisen der Wahrheit, die sie ihm vorlegen konnte, Gehör geben würde.

Ich dich nicht für mein Kind erkennen? schrie er, ich der Stimme der Natur, die in meinem Herzen für dich spricht, mißtrauen? O Emilie, wie wenig kennst du deinen Vater! —

Nur um deinetwillen freue ich mich meines Rangs und Reichthums! dich glücklich zu machen soll das einige Geschäft meines Lebens seyn.. Die Familie dieses Sir Georgs, dessen du in deiner Geschichte mit so viel unverkennbarer Leidenschaft gedachtest, soll dich nicht länger einer Verbindung mit ihm unwürdig achten, viel eher würde die Frage seyn, ob Lady Emilie Montgomnery sich zu einem simplen Baronet herablassen dürfe, wenn derjenige, der in dieser Sache zu urtheilen hat, nicht aus eigenem Beyspiel wüßte, wie unglücklich man sich macht, wenn man jenen Chimären das Glück der Liebe aufopfert. — Doch von dem Detail dieser Dinge ein andermal, jezt laß uns zu unserm ehrwürdigen Ehepaar eilen, um ihnen Nachricht von unserm Glück zu geben, und ihren Segen zu holen.

Mistris Reland und ihr Gemahl saßen eben in einer Grotte des Gartens, als sie das glückliche Paar Arm in Arm gegen sich daher kommen sahen. Sie lächelten einander bedeutend zu, daß ihre Anschläge zum Glück ihrer Freunde so schnell und wohl geglückt waren. Nun mein Kind, fragte die Matrone heimlich, indem sie Emilien umarmte, ist der Antrag, den sie weder glauben, noch wünschen, noch hoffen wollten, endlich über ihres Verehrers verschwiegene Lippen gegangen? Emilie antwortete mit einer Erröthung, und drückte Lord Edwards Hand an ihre Lippen.

O pfui, meine Liebe, fuhr die alte Dame fort, diese Liebkosung ist zu demüthig für eine Braut! wenn sie einst viele Jahre lang Lady Montgommery gewesen sind, denn kann ihnen Freundschaft und Unterthänigkeit gegen ihren Eheherrn noch ehe so etwas in den Sinn geben.

Verzeihen sie, Madam, erwiederte Lord Edward, ich habe schon jetzt die Ehre, ihnen in diesem lieben Mädgen Lady Emilie Montgommery vorzustellen.

Das wolle Gott nicht; daß sie schon vom Altar kommen! schrie Herr Reland, es wär grausam, mich so hinterlistig um die Ehre, bey unserer Emilie Vaterstelle zu vertreten, zu betrügen.

Man scherzte eine Weile in diesem Tone fort, bis endlich Mylord mit der Wahrheit hervortrat, und dadurch seine theilnehmenden Freunde in ein frohes Erstaunen sezte. Herr Reland hub seine Hände dankend gen Himmel, indessen seine würdige Gattin Emilien in die Arme schloß, und Freude und Verwunderung an ihrem Halse ausweinte, auch Emilie konnte die lang verhaltenen Thränen der Freude nicht mehr hemmen; nur durch gebrochene Töne beantwortete sie die Glückwünsche ihrer Lieben, und eine vollständige Erzählung des ganzen Vorgangs war für den gegenwärtigen Augenblick ganz unmöglich. Aber nach Verlauf mehrerer Stunden entwickelten sich die Gefühle der glücklichen Gesellschaft befer, man entdeckte sich umständlich das Wie und Wodurch, und trug kein Bedenken, die gemeinschaftliche Freude öffentlich ausbrechen zu lassen. Dieser Tag, einer der schönsten, die der blühende Frühling hervorbringt, ward zu einem allgemeinen Festtage gemacht. Lord Montgommery, der vor Verlangen brannte, sein Glück aller Welt kund zu thun, und Emiliens Rechte öffentlich geltend zu machen, trug Sorge, daß die große Neuigkeit schnell ausbrach, und noch an diesem Tage wiedertönte ganz Relandgrave nebst den Gegenden von Montgommeryhall von dem Namen Lady Montgommery!

Emilie, die nicht stolz genug war, um sich augenblicklich in die schnell gefundene Größe schikken zu können, bat um den bescheidenen Titel, Miß Melville, aber ihr Vater, welcher diesen Namen, der ihn an sein ehemaliges Unglück erinnerte, ungern nennen hörte, und ihn nur noch in dem Munde Lieutenant Wildhams duldete, bestand auf seinen Willen, und die gehorsame Tochter gab nach.

An eben dem Tage, da Lord Edward seine schöne Tochter dem Arm ihrer alten Freunde entriß, und sie zu Montgommeryhall einführte, giengen auch Briefe an Mistris Easy ab, Briefe von ihm, mit den heissesten Danksagungen erfüllt, für alles Gute, welches Emilien durch sie wiederfuhr, und mit den dringendsten Einladungen, herüber zu kommen, und Zeugin des Glücks ihrer jungen Freundin zu seyn. Lieute-

nant Wildham, der sich herzlich mit seinem Ko=
lonell freute, nahm ähnliche Aufträge an Emi=
liens Bekannte nach Kennt mit sich, und verließ
den Vater und die Tochter mit Anstalten beschäf=
tigt, welche die Ansprüche der lezten bestätigen,
und sie feierlich in alle Rechte einsetzen sollten,
welche ihre Geburt und die Güte Lord Edwards
ihr zugestand.

Drey und zwanzigstes Kapitel.

Eine längst vergessene Person tritt von neuem auf.

Emilie war bald in dem Hause ihres Vaters
eingerichtet. Glückliche Veränderungen unsers
Schicksals gewohnen wir schnell; doch gewöhnte
sich Emilie nie in dem Grade an ihr Glück,
daß sie undankbar oder gleichgültig gegen dassel=
be ward; sie zog auch in der höhern Sphäre, in
welcher sie jezt glänzte, so wohl als in ihrer eh=
maligen Niedrigkeit Liebe und Bewunderung ei=
nes jeden auf sich, der sie kannte.

Sie hatte Ursach, sich glücklich zu preisen;
von den glänzendsten Aussichten umgeben, von
jedem, der sie sah, verehrt, von einem zärtlichen
Vater angebetet, was hätte ihr gebrechen sollen,
das ihr nicht die süßeste und wahrscheinlichste
Hofnung in der Ferne zeigen mußte?

Lord Montgommery hörte nichts lieber als die Erzählung von ihren kleinen Begebenheiten, denen es bey ihrem kurzen Leben nicht an unterhaltender Verschiedenheit für einen partheiischen Zuhörer fehlte. Der entzückte Vater brach oft in lauten Beyfall über ihr schickliches Verhalten bey dieser und jener Gelegenheit aus, und dankte Gott, daß er ihr, da sie so frühzeitig ihrer eigenen Leitung überlassen blieb, Klugheit genug gab, sich selbst zu bilden, und da, wo ihre eigene Erfahrung nicht zureichte, dem weisern Rath anderer zu folgen. Nichts ist einer jungen Person in den Augen anderer vortheilhafter als der Beyfall vernünftiger Eltern; die gute Meinung, die Lord Edward von seiner Tochter hatte, und alle die in die Augen fallenden Beweise zogen das Wohlwollen der ganzen Gegend nach sich, doch fehlte es auch der geliebten und fast vergötterten Emilie nicht an Verläumdern und Neidern.

Unser englisches Original, von welchem wir, mit bessern Nachrichten über unsere Geschichte versehen, oft kühn genug abgewichen sind, schildert uns auch hier Scenen, die wir ohne Schaden für die Leser übergehen können. Zwar haben wir auf diesen Blättern Thorheiten der Großen und Kleinen von gleich geringer Erheblichkeit genug beschrieben, um auch dem pöbelhaften Betragen vornehmer Verwandten Lord Montgommerys bey der Nachricht von der Erscheinung einer natürlichen Tochter seiner Gnaden einige Seiten zu gönnen, und das Geschwätz eines Klubs mißgünstiger Weiber nicht ganz unberührt zu laffen; aber da weder das eine noch das andere auf Emiliens Schicksal einen Einfluß hatte, da die Glückliche vielleicht von diesen Dingen nie ein Wort erfuhr, so mag es indeſſen auf die Seite gelegt bleiben, und wichtigern Gegenständen Platz machen.

War irgend etwas, das Emilien bey ihrer gegenwärtigen glücklichen Lage einen Seufzer auspreſſen konnte, so war es der Gedanke an Sir Georgen: ob er noch an mich denkt? ob er durch meine hartnäckige Weigerung abgeschreckt nicht schon längst das Eigenthum einer andern ist? — O daß er jezt seine Bewerbungen erneuerte! O daß es der Wohlstand erlaubte, dem Mann, der so viel um mich litt, dem Mann, der so oft abgewiesen, vielleicht nicht Muth zu neuen Erwerbungen hat, einen kleinen Schritt entgegen zu gehen! O daß ich nicht sagen darf: du, der sich nicht schämte, da ich nichts war, und nichts besaß als dieses Herz, mir alles anzubieten, nimm jezt alle Geschenke des Glücks zum Dank aus meinen Händen an, Reichthum, Rang, Titel sind mir nur darum lieb, weil sie mich in den Augen der Welt deiner würdiger machen.

Dieses waren die innersten Gedanken des zärtlichen Mädgens; Gedanken, die so unschuldig als rechtmäßig waren, und deren sie sich doch aus einem Uebermaaß von feinen Gefühlen schämte. Sie schrieb fleißig an Miſtriß Eaſy, die noch immer der freundschaftlichen Einladung nach Montgommeryhall nicht hatte folgen können, aber sie wagte es so wenig als jemals des Baronets gegen sie mit einem Worte zu gedenken; um indessen doch das Vergnügen zu haben, den Namen Freelove zu schreiben, fragte sie sehr fleißig nach der Dame von Fairlymanor, und zürnte denn immer, daß ihre Freundin nur das beantwortete, was sie gefragt, nicht was sie im Sinne gehabt hatte. O Schwachheiten einer unschuldig liebenden Seele, ihr kommt den Thorheiten der Kindheit nahe, und solltet von rechtswegen nie aus eurer Dunkelheit, in die man euch so weislich verhüllt, hervorgezogen werden!

Mitten in diesen kleinen selbstgeschaffenen Unruhen erhielt Emilie einen Brief, den sie lang und sehnlich genug gewünscht hatte, um endlich etwas von dieser Art zu hoffen, und der sie doch gleichwohl in eine Bestürzung versezte, als wäre er die neueste und unerwarteste Sache, die sich nur denken ließ. Endlich öfnete sie ihn, und las folgende Worte:

„Lang genug, unvergeßliche Freundin, habe ich den Fluch getragen, den ihre Härte mir auflegte, lang genug habe ich den Trieb, sie wenigstens schriftlich an mich zu erinnern, unterdrückt, und ach wie manchen Versuch, ihr Verbot zu brechen, mit Widerstand vernichtet! werden sie dieses grausame Verbot nicht bald aufheben? oder soll derjenige, der an ihren guten und bösen Schicksalen immer den nehmlichen

Antheil nahm, als an seinen eigenen, jezt, da jedermann ihnen Glück wünscht, allein stumm bleiben?

O Emilie, sie sind jezt die Tochter eines Mannes, der es mit jedem im Königreich aufnehmen kann; alle Einwendungen, die sie ehemals wider meine Wünsche hatten, sind vernichtet. Mir, das wissen sie, muß das, was das Glück für sie gethan hat, sehr überley dünken; sie konnten nie höher in meiner Achtung steigen, als sie immer standen; ihr Reiz, ihre Tugend, ihre Talente würden sie in jedem, auch im niedrigsten Stande über alle Personen ihres Geschlechts, wie wie hoch sie auch hätten seyn mögen, erhoben haben; und nichts als die sinnloseste Verblendung konnte meine Verwandten bewegen anders zu denken. O Emilie — (erlauben sie mir, sie immer noch bey diesem theuren Namen zu nennen, der, wären sie eine Königin geworden, mir doch der schönste Titel seyn würde) — o Emilie, warum kehrten sie sich an die Grillen dieser eingeschränkten Seelen? Erwägen sie, wie lange wir ohne übertriebene Bedenklichkeiten schon glücklich seyn könten! — Werden diese Bedenklichkeiten ewig dauern? Treten jezt vielleicht neue an die Stelle der alten? Wird der Mann, den sie bey der bescheidenen Schätzung ihres eigenen Werths für sich zu hoch hielten, ihnen vielleicht jezt zu niedrig seyn? — O Emilie, wie mich diese Zweifel martern! — Ich muß, ich muß meinem vollen Herzen Luft machen, muß ihnen auf die Gefahr, auch jezt verschmäht zu werden, noch einmal diese treue Hand, dieses nur für sie schlagende Herz anbieten. Entscheiden sie, entscheiden sie schnell; denn unaussprechlich ist die Unruhe desjenigen, dessen ganzes Glück jezt auf dem Spiele steht.

G. Freelove. "

Emilie saß eben an der Seite ihres Vaters, als sie diesen Brief erhielt, er sahe ihre Unruhe, ehe sie ihn öfnete, sah ihre Bewegung während dem Lesen, den Ausbruch der heftigsten Empfindung, als sie jezt gelesen hatte, und konnte sich eines kleinen Lächeln nicht enthalten.

Emilie, Emilie! rief er, soll ich nach deiner Mine urtheilen, so muß dieses ein sehr interessantes Schreiben seyn. Das ist es in Wahrheit, mein Vater, erwiederte sie, indem sie ihm das Blatt überreichte, und ich muß sie ersuchen, meine Antwort auf dasselbe zu bestimmen.

Und ich muß dich ersuchen, erwiederte er, indem er nach der Unterschrift sahe, mich zu entschuldigen. Du kennst die Gefühle deines eigenen Herzens, gutes Mädgen, und hast bisher mit so viel Klugheit gehandelt, daß sich niemand in deine Entschließungen zu mischen braucht.

Also ganz freye Hand, zu entscheiden wie ich will? fragte sie, indem sie Lord Edwards Hände zwischen den ihrigen drückte.

Mädgen, Mädgen! versezte er, dein Entschluß ist gefaßt, du wirst den Vater verlassen, um den Liebhaber glücklich zu machen; doch dies ist eure Bestimmung, und ich müßte dich nicht lieben, wenn ich deinen Neigungen Einhalt thun, oder sie dir zum Vorwurf machen wollte.

In der That war Emiliens Entschluß gefaßt. Sie begab sich auf ihr Zimmer, um ihr volles Herz in einem Briefe ausströmen zu lassen, der Sir Georgen zum glücklichsten Manne machen sollte. Dieser Brief kam schnell zu stande, und war ein Meisterstück des Ausdrucks unschuldiger Zärtlichkeit; aber die Schreiberin überlas ihn zum zweytenmal, und war Mädgen genug, ihn zu vernichten, weil er, so flüsterte es ihr jungfräulicher Stolz zu, zu schmeichelhaft für ihren Geliebten war, zu viel von den Gefühlen enthüllte, die jedes Frauenzimmer, das nicht gerade erst aus den Händen der Natur kommt, dem Gewählten ihres Herzens auch in den glücklichsten Stunden nur zur Hälfte blicken läßt.

Wir überlassen es dem Leser, das junge Mädgen hierin zu loben oder zu tadeln, und sagen ihm, wenn er das lezte wählen sollte, dieses zum Trost, daß der Brief, welcher an die Stelſie des vernichteten ans Licht kam, und auch das Glück hatte, abgeſchickt zu werden, die ſteifſte verdienſtloſeſte Epiſtel war, welche je aus der Feder Emiliens, die ſonſt ſo ſchön ſchrieb als dachte, gefloſſen ſeyn mochte.

Er enthielt indeſſen alles, was der Baronet wünſchen konnte, und konnte alſo leicht bey ihm ein beſſeres Glück machen, als er bey unſern Leſern machen würde, die wir mit der Wiederholung deſſelben verſchonen.

Lord Edward ſcherzte mit ſeiner Tochter über dieſen Gegenſtand, ſie geſtand ihm mit ihrer gewöhnlichen unſchuldigen Offenherzigkeit die Geſchichte des Briefs, und er, der ſich aus ſeinen eigenen Begebenheiten wohl erinnerte, wie wahre Liebe ſich ſelten aus ihrem vortheilhafteſten Lichte zeigt, hatte Mitleiden mit dem guten Mädgen, erklärte ſich aus dieſem kleinen Umſtande die Heftigkeit ihrer Leidenſchaft für Sir Georgen, und bewunderte ſie doppelt, daß ſie bey einer ſolchen Verrätherin in ihrem Buſen doch immer auch in den gefährlichſten Lagen der Klugheit und Tugend treu geblieben war.

Man ſprach lang und viel über die glücklichen Ausſichten, welche ſich nun Emilien und ihrem Geliebten nach ſo langen Leiden öfneten, und Lord Edward geſtand ſeiner Tochter, wie er, während ſie mit Beantwortung jenes Briefs beſchäftigt geweſen ſey, aus einigen Umſtänden ſehr wahrſcheinliche Muthmaßungen erhalten habe, daß der Baronet, ungeachtet sein Brief von London aus datirt sey, sich in der Nähe aufhalte, um auf die geringste Antwort, die er sich mit ziemlicher Gewißheit versprechen könne, schnell bey der Hand zu se n, sein Glück vollkommen zu machen, und daß sie sich deswegen bereiten möge, ihn bald zu sehen.

Emilie legte sich diesen Abend mit allem Entzücken, welches die süßesten Erwartungen geben können, zur Ruhe, und wußte nicht, daß nahe bey ihr von Personen, welche sie kaum kannte, welche sie nie beleidigt hatte, Unheil ausgebrütet wurde, das sie wenigstens in so fern traf, daß es die Vollkommenheit ihres Glücks noch auf einige Zeit verzögerte.

Es gab in diesen Gegenden eine Gesellschaft von Damen, welche weder durch Stand noch Verdienste Anspruch auf Achtung der Edlern und Vernünftigern machen konnten, und die sich für die allgemeine Zurücksetzung dadurch schadlos hielten, daß sie unter einander große Ehre erzeigten, und sich wechselseitig überredeten, wie sie Personen von nicht kleiner Bedeutung wären, auf deren Verfahren in diesem oder jenem Punkt schon etwas ankäm.

Schon einmal war dieser Klub der klugen Frauen, wie einige Spötter ihren Cirkel nannten, über die Frage zusammengekommen, ob es sich schicke, die so genannte Lady Emilie Montgommery, die doch im Grunde nichts weiter

sey als Lord Edwards natürliche Tochter, mit
ihrem Besuche zu beehren. Heute ward die zweite Sitzung gehalten, und der Ort der Zusammenkunft war die Wohnung Doktor Greens,
des Pfarrers von Montgommeryplace.

Der Doktor war ein Mann von Verstand,
Tugend und Gelehrsamkeit, er hatte die Welt
gesehen, und das Glück genossen, in seinen jüngern Jahren verschiedene junge Leute von Stande zu bilden, und auf ihren Reisen zu begleiten.

Sir Georg Freelove war einer der vornehmsten und geliebtesten unter seinen edeln Zöglingen. Ein beständiger Briefwechsel hatte unter ihnen statt gefunden, und zu ihm hatte sich
gegenwärtig der Baronet gewandt, um einige vorläufige Erkundigungen einzuziehen, und die
Entschließungen seiner Emilie in der Nähe zu
erwarten.

Da Sir Georg sich mit seinen Nachfragen nach dem geliebten Mädgen nur an seinen
Freund wandte, so konnte er auch von diesem
würdigen Manne nichts anders als Wahrheiten,
die süssesten schmeichelhaftesten Wahrheiten erfahren. Doktor Green sahe die Tochter seines
Patrons sehr oft, und dachte von ihr, wie jeder, der sie genau kannte, von ihr denken mußte, indessen seine Frau ein ganz entgegen gesetztes Urtheil von Emilien fällte. Mistris Green,
war keineswegs eine Person, welche die Ehre
verdiente, die Gattin eines solchen Mannes
zu seyn. Sparsam zugeschnittene Einkünfte,

und Verwendung mächtiger Patrone, hatten den Doktor, wie so manchen seines Standes, genöthigt, seine Frau zu heyrathen, weil sie etwas Vermögen und vornehme Freunde hatte. übrigens war sie ein Geschöpf von zu gemeinem Charakter und Sitten, um, da sie von ihrem eigenen Manne nicht geschätzt wurde, bey einem Frauenzimmer von Emiliens Geschmack sonderlich wohl gelitten zu seyn, und dieses war wahrscheinlich der Hauptgrund ihres Mißfallens an der jungen Dame.

Bey ihr fanden sich dieses mal die Häupter der vorerwähnten Gesellschaft kluger Frauen ein, um über den schon einmal erwogenen Gegenstand zu rathe zu gehen. Die beyden Miß Spatters waren die ersten, ein paar junge Frauenzimmer, welche schon mehrere Schritte über die Zahl funfzig hinaus gethan hatten, Töchter eines Mannes, der durch schlechte Mittel ein gutes Vermögen erworben hatte, welches sie in den Stand setzte, ohne Kümmerniß wegen ihres reichlichen Auskommens, sich blos der Sorge für ihren Nebenmenschen zu widmen. Ihr größtes Vergnügen bestand darinn, das Unglück des Nächsten, besonders seine Vergehungen, zu zergliedern, und Vergleichungen anzustellen, welche allemal für sie selbst sehr vortheilhaft ausfielen. Ihres Gleichen, wie sie sich ausdrückten, das ist junge Personen von Emiliens Alter und Verdiensten waren ausgezeichnete Gegenstände ihrer Aufsicht, und es konnte also nicht fehlen, daß man auch dieses mal gleich von den ersten Komplimenten zu der schönen Tochter Lord Montgommeris übergieng.

Ich bitte sie, Madam, sprach Miß Martha zu Mistris Green, haben sie sie denn gesehen? Was für eine Art von Geschöpf ist sie?

Ich mußte sie ja wohl sehen, erwiederte die geistliche Frau, da mein Mann Lord Montgommery, der einen Abgott aus ihr macht, nicht beleidigen darf; sonst würde ich mich gehütet haben, und wenn man sie gleich noch zehnmal Lady Emilie nennen mußte. Lady Emilie! — mein Gott, ich denke, vor dir sind vornehme Leute, unehrliche Kinder und anderes Geschmeis von dieser Art einerley, und so sollte es bey deinen Dienern auch seyn, aber mein Mann —

Nur dies, nur dies, liebe Madam, ob sie hübsch ist!

Was die Außenseite anbelangt, — je nun ja — hübsch genug, aber stolz wie der Teufel!

Hübsch genug? — Pfui Madam, wie können sie ein solches Geschöpf, das Gott weis woher kam, hübsch nennen? Ich möchte nur wissen, wie Mylord sie ausfindig gemacht hat. Doch dies ist überhaupt eine Geschichte, wo wir alle im Dunkeln tappen; ich wenigstens weis weder Anfang noch Ende davon.

So wenig als ich, Miß Spatter, aber besuchen sie sie nur, gehen sie nur hin, und sie werden sehen, ob ich die Wahrheit gesagt habe —

Sie besuchen? schrien beyde zugleich; Gott bewahre! wie könnte ein solcher Gedanke uns in den Sinn kommen! Nein Madam, wir wissen besser, was wir unserm Charakter schuldig sind.

Und, sezte Miß Martha hinzu, ich kann ihnen betheuren, daß wir hierin sehr bedenklich sind. Wir haben uns mehr als zehnmal bedacht, ob wir Mistris Lightsame wieder besuchen sollen, seit sie mit Sir Franzis in der wunderlichen Fede ist. Der gute Namen eines jungen Mädgens kann gar zu leicht — —

Ach vollends Mistris Lightsame! unterbrach die Pfarrfrau — der Jungfer Emilie kann man doch weiter nichts nachsagen, als die Geschichte mit Lord Frankair, welche Mylady nöthigte, sie aus dem Haus zu schaffen, und hier den kleinen Handel mit dem Lieutenant Wildham. Je nun, Lieutenant Wildham hat Mylord wohl eher gekannt, da er noch nichts mehr war als er, und Mylord würde so großes Unrecht nicht thun, wenn er sie ihm gäbe. Zwar soll sie in London schon einen andern gehabt haben, aber der ist lang vergessen.

Liebe Mistris Green, schrie Miß Spatter, lassen Sie das jezt, mich dünkt, sie wollen noch etwas von Mistris Lightfame sagen. — Eine böse, böse Geschichte, die ich von ihr gehört habe; zwar es wird in der Welt so viel gelogen, daß man kaum mehr weis, was man glauben soll, aber so viel ist gewiß, sollte das wahr seyn, was ich von ihr gehört habe, so ist sie eine zu Grunde gerichtete Frau, und niemand, der Gott und Ehre liebt, wird ferner mit ihr umgehen wollen.

Die beyden jungen Mädgen beugten sich voll Begierde auf ihren Stühlen vorwärts, und baten inständig um weitere Auskunft in dieser Sache.

Ey, bedenken sie nur, sagte Mistris Green, ein Spaziergang mit Sir Franzis im Walde gestern Abend bey Mondenschein! — Mein Gott, wenn solche Dinge gestattet werden, wo bleibt Tugend und Ehre? Wenn eine junge schöne Frau wie Mistris Lightfame — —

Nun wahrhaftig, schrie Miß Martha, wenn sie die Lightfame für hübsch halten, so werde ich sie nie zur Schönheitsrichterin setzen; ein Gesicht rund und weiß wie ein Käse —

Und schreckliche Sommerflecken! sezte Miß Spatter hinzu, welche sehr braun war, und nie von der Sonne hatte höher gefärbt werden können.

Ach Gott! schrie Mistris Green, da kommt sie selbst! ich bitte, sprechen sie leise, man kann von außen alles hören.

Was für ein phantastischer Anzug! flüsterte Miß Martha, die zwischen dem Vorhang lauschte, um die Ankommende genauer zu betrachten. Ganz weiß! keine Farbe das abgeschmackte Einerley zu heben! Kein Reifrock! ein Hut von einer Größe und Breite, wie wir hier noch keinen sahen, daß ja das runde platte Gesicht noch einmal so breit ausfällt.

Mistris Green winkte hier zum zweytenmale Stillschweigen, und man machte sich gefaßt, Mistris Lightfame zu empfangen, die, so sehr sie auch hinter dem Rücken von ihren Konsortinnen ausgemustert ward, doch mit zu dem vorgenannten Klub der klugen Frauen gehörte.

O meine Theure! schrien alle Dreye zugleich, als Mistris Lightfame eintrat, welch ein unverhoftes Glück! in zwey Monden haben wir sie nicht gesehen!

Stille! stille! erwiederte die muntere Mistris Lightfame, und drohte ein wenig mit dem Finger, ich weis, wer mir länger als ein halbes Jahr einen Besuch schuldig ist, und ich wär auch sicherlich heute nicht erschienen, so böse bin ich, wenn nicht die Sache mit der so genannten Lady Montgommery — —

Eben haben wir von ihr gesprochen, erwiederte die Pfarrfrau, von ihnen und von ihr.

Nun wahrhaftig, rief die Lightsame, sie werden mich doch nicht mit ihr in eine Reihe setzen! -

O behüte Gott! ich erzählte nur, daß, als ich sie zuletzt, weils nun mein Mann so haben wollte, besuchte, sie ohngefehr nach eben dem Geschmack gekleidet war wie sie — —

Und wie? und wie? riefen alle drey zugleich.

Mistris Green machte hierauf eine so konfuse Beschreibung von dem geschmackvollsten Anzug, als je über die Lippen einer Kleinstädterin, welche weder Sinn noch Begriff für das wahre Schöne in der Mode hat, gegangen seyn mag.

Die beyden Miß Svatters kreuzten sich, Mistris Lightsame, welche jeden Winter mit ihrem Manne nach London ging, und die Mode kannte, biß sich auf die Lippen, und beschloß, so bald als möglich, an ihrem Putz alles das zu ändern, worin er etwa noch von Lady Montgommerys Anzug abging! denn ungeachtet die Neiderinnen Emiliens jeden Flecken an ihr aufsuchten, und jede ihrer Vollkommenheiten gerne zu einem Flecken gemacht hätten, so betrachten sie

sie doch alle in der Stille als ein höheres Wesen, dem sie sich gern in allem nachgebildet hätten.

Aber Miß Martha, welche die Unmöglichkeit fühlte, der reizenden Emilie nur von weitem zu folgen, breitete sich weitläuftig über die verschiedenen Theile des eben beschriebenen Putzes aus, und fand, daß, wenn Mistris Green richtig referirt habe, Emiliens Fichü zu dicht an den Hals heraufgezogen gewesen sey, und den Verdacht einer schlechten Brust errege, daß der Hut zu viel von dem Gesicht gezeigt habe, und daß man den Mangel des Reifrocks gerade zu eine Unverschämtheit nennen könne, weil er zu viel von der wahren Leibesgestalt zeigte.

Ich gestehe es zu, erwiederte Mistris Lightsame, indem sie die hagere Miß Martha mit einem satyrischen Blick ansahe, wenn man dem Auge nichts darzubieten hat als ein dürres Knochengebäude; das Unangenehme sollte man Wohlstands halber so viel verlarven als möglich. So weis ich zum Beyspiel nicht, ob Lord Montgommerys Tochter schön genug ist, ihren Hut so zu tragen, wie Mistris Green uns meldet, aber daß die Wittwe Manlove ihren Trauerflor schon so weit zurückschlägt, damit man ja das breite, unbedeutende, unverschämte Gesicht ohne Hülle sehe. ——

Ach, unterbrach sie Mistris Green, ich bitte, sagen sie doch, ist wohl etwas an dem Gerücht, welches sie zur Sir Franzis Braut macht?

Das sollte mich wundern, fiel Miß Spatter mit einem deutenden Blick auf die Lightfame ein, man weis ja, daß Sir Franzis an einem andern Orte fest gehalten wird, zwar an einem Orte, wo keine regelmäßige Verbindung statt findet, aber —

Ich kann ihnen betheuren, erwiederte Mistris Lightfame, welche den boshaften Wink verstand, ohne sich ihres Umgangs mit Sir Franzis zu schämen; ich kann ihnen betheuren, daß Sir Franzis nicht an die Manlove denkt, aber sie, die arme Närrin, ist sterblich in ihn verliebt. Himmel, wenn ich daran denke, wie sie sich anstellte, als sie mich neulich besuchte, und ihn bey mir allein fand! — —

O ich bitte, liebe Madam, schrie Miß Martha, das müssen sie uns erzählen, was sagte, was that die Manlove?

Die gutherzige Mistris Lightfame, welche, so bald von den Schwachheiten einer dritten die Rede war, sich so gleich geneigt finden ließ, mit ihren ärgsten Feindinnen gemeine Sache zu machen, vergaß in diesem Augenblick Miß Marthens Ausfälle auf den Reifrock, den sie nicht trug, und auf ihren Umgang mit Sir Franzis, und machte sich bereit, eine Geschichte zu beginnen, die wahrscheinlich nicht sehr zum Besten der Wittwe Manlove gereicht haben würde, als jemand von Mistris Grecus Leuten eintrat, welcher meldete, daß die Dame, von welcher eben die Rede war, im Vorzimmer sey, und um Erlaubniß bitte, ihren Besuch zu machen.

Mistris Manlove! schrie die Pfarrfrau, indem sie der Kommenden entgegen ging, o meine Theure, seit wenn sind wir uns so fremd geworden, daß sie sich erst müßen ansagen lassen?

Ich hörte, daß sie Gesellschaft hatten, und ich bin so wenig zu einer Visite gekleidet, komme so von ohngefähr, so gleichsam nur im Vorbeygehen — —

Mein Gott, liebe Manlove, ich und alle diese Damen sind ihre vertrauten Freundinnen! — Doch ich sehe widernatürliche Dinge auf ihrem Gesicht, ich bitte, was haben sie?

O meine Damen, eben habe ich Lord Montgommerys Tochter gesehen. Mein Gott, ich bin vor Schrecken außer mir. Sie wissen, sie besuchen mochte und konnte ich nicht, aber zu gefallen bin ich ihr oft gegangen, und da habe ich sie denn gesehen, zu meinem größten Schrekken gesehen, und bin nur ein wenig hier eingetreten, um ein Glas Wasser zu bitten, damit ich mich erhole. —

So erschrecklich sah sie aus? riefen die drey Besucherinnen aus einem Munde, o wie hat uns Mistris Green getäuscht!

Nein, meine Damen, erwiderte die Wittwe, welche jezt getrunken hatte, so gar häßlich ist sie nun eben nicht, aber desto schlimmer! Mein Gott, wo mag der hübsche Mann, der gute Lord Montgommery, das große lang gewachsene Mädgen aufgelesen haben? So eine Tochter kann ihm sein ganzes Heyrathsglück verderben. Ich bedaure ihn von Herzen, ob ich ihn gleich kaum kenne.

Sie kennen ihn nicht? schrie Mistris Lightsame mit einem spöttischen Lächeln.

Wie sollte ich, liebe Madam, erwiederte sie. Seit der arme liebe Herr Manlove tod ist, bis auf diese Stunde, habe ich, Gott sey Dank, meinen guten Ruf unbefleckt erhalten, aber was würde die Welt sagen, wenn ich einen ledigen Herrn und seine uneheliche Tochter besuchte.

Nun, nun, nur nicht zu streng, Mistris Manlove, versetzte die Lightsame, was kann das Mädgen im Grunde dafür, daß ihre Eltern nicht verheirathet waren?

Ja, das ist wahr, dafür kann sie nun nichts, aber wie leicht ists, daß sie nach der Mutter geräth, und welches Frauenzimmer wird sich mit so einer Tochter befassen? Ach schade, schade, um den hübschen langen wohlgewachsenen Mann! und ihr noch dazu den Namen Lady Montgommery zu geben! Welche Thorheit! das bin ich gewiß, hätte der selige Herr Manlove zehn natürliche Kinder gehabt, er würde nie so etwas für sie gethan haben. Er konnte keinen Lärm, kein Geräusch um irgend eine Sache leiden. Eine gute ruhige Seele, Gott habe ihn selig!

Mistris Manlove dehnte ihre Klagelieder über den todten Herrn Manlove und über den lebendigen Lord Eduard noch so weit aus, daß man ganz irre wurde, welcher ihr der liebste seyn möchte. Zwischen Mistris Lightsame und Miß Martha, die jetzt vollkommene Freundinnen waren, gab es manch satyrisches Augenspiel über diesen Umstand, und Mistris Green, nebst der andern bissen sich auf die Lippen, um ihre Gedanken über die Schwachheiten ihrer Freundin nicht laut werden zu lassen. Aber jetzt fuhr Lady Worthys Wagen vor, welche bald darauf eintrat, und durch ihre Erscheinung dem ganzen Klub der klugen Frauen ein plötzliches Stillschweigen auflegte.

Sie meldete Mistris Green gleich nach den ersten Komplimenten, wie sie eben bey Lady Emilie Montgommery einen Besuch machen wolle, und hier nur deswegen abgestiegen sey, um anzufragen, ob sie nicht Belieben trage, ihr Gesellschaft zu leisten. Die Pfarrfrau entschuldigte sich mit ihrer Gesellschaft, und die andern Damen rümpften als ihnen der nehmliche Antrag gethan ward, die Nasen auf eine so wunderliche Art, daß Lady Worthy, welche eine sehr verständige und würdige Dame war, erstaunte, und bald zu merken begunnte, daß irgend ein Vorurtheil gegen Emilien unter den Frauen dieser Gegend Platz genommen haben müsse, welches, so gleichgültig die Personen, welche es hegten, auch seyn mochten, doch nicht ohne Schaden des jungen Frauenzimmer geduldet werden könne.

Was mich anbetrift, sagte sie mit einer ernsten Miene, so ist es schon das zweytemal, daß ich die junge Dame besuche; sie war so artig, meinen ersten Besuch gleich des andern Tages zu erwiedern, und ich denke, sie bey dem zweyten noch liebenswürdiger zu finden, als da ich sie das erstemal sahe. Sie verdient auf alle Weise das Glück und den Rang, den ihr die Gerechtigkeitsliebe ihres Vaters verschafft hat, und ich halte mich für doppelt verbunden, ihr alle Achtung zu erweisen, da ich vielleicht meines Standes wegen in dieser Gegend einigermaßen den Ton angeben kann, und durch mein Exempel, gewisse schwache oder mißgünstige Seelen, die Lady Emilien die schuldige Ehre versagen, zu ihrer Schuldigkeit verweisen muß.

Mylady bot hierauf den übrigen Damen nochmals ihren Wagen an, wenn eine von ihnen Lust haben sollte, Lady Emilien in ihrer Gesellschaft zu besuchen, und entfernte sich, als alle ihre Ausflüchte hatten, mit sichtlichen Verdruß und Verachtung aus dem Zirkel der klugen Frauen.

Vier und zwanzigstes Kapitel.

Ungegründeter Verdacht.

Unsere Leser würden nicht errathen können, warum wir ihnen einige Fragmente von dem sinnlosesten unbedeutendsten Weibergewäsche vorgelegt haben — (mit dem Ganzen haben wir sie weislich verschont) — wenn wir ihnen' nicht sagen könnten, daß es für Emilien nicht ganz ohne Folgen war.

Nachdem Lady Worthy sich entfernt, und den gewöhnlichen lästernden Nachdruck erfahren hatte, rückte man dichter zusammen, um das Kapitel von Emilien, und der Unmöglichkeit, ihr die Ehre zu erzeigen, welche sie erwarten konnte, nochmals vorzunehmen. Mistris Green war die Sprecherin. Sie machte eine Art von Gewerbe daraus, nach allen neuen Einkömmlingen ihrer Gegend sorgfältige Nachfrage anzustellen, und aus den Bruchstücken ihrer Geschichte, welche sie sammeln konnte, ein Ganzes zu bilden, welches oft abentheuerlich und der Wahrheit zugleich ähnlich und unähnlich genug war, um denenjenigen, welche die Hauptpersonen darin vorstellten, Schaden zu thun. Was sie von Emilien wußte, war nichts als ihr Aufenthalt in Lady Frankairs Hause, und die wahrscheinliche Ursach ihrer Entfernung. Dinge, die sie aus dem Munde einer jetzt verabschiedeten Kammerfrau hatte, welche damahls in Lady Frankairs Diensten gewesen war. In die Erzählung von Lord Frankairs Erneuerung einer Liebe zu Emilien, die er schon ehemals als Lord B... sollte gehegt haben, von der Verzögerung ihres Aufenthalts in seinem Hause, das sie hätte fliehen sollen, so bald sie ihn kannte, und von der Eifersucht seiner Gemahlinn, die die Beschuldigte aus dem Hause trieb, mischte die Beredte Mistris Green so mancherley wahrscheinliche Umstände, welche wohl klügere Personen als ihre Zuhörerinnen hätten täuschen können.

Unglücklicher Weise hatte Sir Georg, der, wie wir wissen, sich inkognito in Doktor Greens Hause aufhielt, um Emiliens Antwort auf seinen Brief abzuwarten, die schöne Erzählung in einem Nebenkabinet belauscht, in welches er sich begeben hatte, um den Brief seiner Geliebten, den er eben erhielt, in der Stille zu eröfnen und zu lesen. Aber wie konnte er sein Vorhaben ausführen, da ihm beym ersten Eintritt in sein gewähltes Ruheplätzgen eine gällende Weiberstimme aus dem angränzenden Zimmer entgegen schallte! — Er würde sich sogleich entfernt, und sein mit ängstlichem Zweifel vermischtes Verlangen nach dem Inhalt des Briefs seiner Geliebten, vielleicht in dem stillen Pfarrgarten oder an einem andern einsamen Orte befriedigt haben, hätte er nicht unterschiedliche mal Emiliens Namen vernommen. Schnell fiel ihm die Möglichkeit ein, sie könne vielleicht selbst gegenwärtig seyn, und einen Besuch bey der Frau seines Freundes machen, er nahte sich leise, um zu horchen, und was er hörte, haben wir bereits vernommen. Hätte Sir Georg das Gespräch der klugen Frauen, so wie wir, von Anfang vernommen, so würde ihre wundernswürdige Fertigkeit jeden Namen, den sie in den Mund nahmen, mit einer Lästerung zu begleiten, den Worten Mistris Greens gewiß alle Kraft benommen haben; jezt verfehlten dieselben ihres Endzwecks doch nicht ganz und gar. Er ward über Emiliens Abentheuer in dem Hause des ehemaligen Lord B... nachdenkend, ihre Aufführung, so wie sie hier vorgestellt wurde, bey weitem nicht ganz fehlerfrey, und wenn es ihm auch unmöglich war, einen kränkenden Verdacht auf die angebetete Emilie zu werfen, so ward er doch begierig, die Sache näher zu erforschen, und entschloß sich, der Inhalt ihres Briefs möchte seyn, welcher er wolle, doch zuerst eine mündliche Unterhaltung mit Mistris Easy zu Aufklärung aller Zweifel zu suchen, ehe er seine Geliebte selbst sähe, damit er ganz heiter und mit jeder ihrer Handlungen vollkommen zufrieden, vor ihr erscheinen möchte.

Und jezt sollte der noch immer uneröfnete Brief erbrochen werden, weil sich eine Stille im Nebenzimmer erhub, indem die lispelnde Wittwe Manlove, die man in der Ferne nicht allzuwohl verstehen konnte, das Wort führte.

Aber nicht lange, so hörte er die Präsidentin der Gesellschaft, Mistris Green, von neuem ihre Stimme erheben. Emilie ward von neuem genennt, und seine Aufmerksamkeit wurde wiederum fest gehalten.

Verheyrathet, so hörte er sie sagen, verheyrathet wird sie bald seyn, und hierüber wär also weiter kein Zweifel, wenn Mistris Manlove sonst freymüthig genug seyn wollte, uns ihre Gedanken zu gestehen.

Und an wen? fragte Miß Spatter.

Ich weis von guter Hand, antwortete die Pfarrerin, daß sie einen Liebhaber in London zurück gelassen hat, für den weder Bitten, noch Vorstellungen, noch Krankheit noch Todesgefahr, noch seine eiserne Treue sie habe erweichen können; dieser gute Mann, denn seinen Namen weis ich nicht, wird wahrscheinlich dem Lieutenant Wildham aufgeopfert, welcher vor wenig Wochen erst Montgommeryhall verlassen hat; einige behaupten, er werde bald zurück kommen, und dann öffentlich als Bräutigam der sogenannten Lady Emilie erscheinen, da hingegen andere meynen, der Vater werde ehe für den andern von ihr verschmähten stimmen, der vielleicht etwas vornehmer und reicher ist als Wildham, und der Eitelkeit des Vaters mehr schmeichelt; sie sehen also, liebe Mistris Manlove! daß die gefährliche Tochter, welche, wie sie meynen, dem Heyrathsglück Lord Edwards im

Lichte stehen könnte, wohl auf die eine oder die andere Art, bald aus dem Wege geräumt werden möchte.

Sir Georg vernahm weder das Ende dieser Rede noch die Antwort, er verließ das Kabinet mit Ungestüm, und eilte ins Freye, indem er sich mehrmahl vor die Stirne schlug, und in halber Verzweiflung ausrief: Verachtet? verschmäht? aufgeopfert? einem Menschen aufgeopfert!, den ich nie habe nennen hören? Ja, ja, Emilie, deine stolzen Weigerungen mußten eine Nebenursach haben, wie hättest du sonst — Doch welch ein Thor bin ich! Ich habe die Auflösung aller Zweifel in Händen, und quäle mich über Dinge, welche alle grundfalsch seyn können, grundfalsch seyn müssen! O Emilie, komm und rechtfertige dich selbst, dein Brief soll entscheiden!

Sir Georg riß Emiliens noch immer uneröfnetes Schreiben hastig auf, las es von Anfang bis zu Ende, laß es wieder, fand die volle Versicherung von seinem Glück, die volle Erlaubniß seine Bewerbungen bey Lord Edward fort zu setzen, so gar einige Worte von Gegenliebe, und fühlte doch keine Befriedigung seiner Unruhe, keine Tilgung seiner Zweifel. Alles was Emilie schrieb, war so steif, so kalt, er glaubte einen sichtbaren Zwang zu merken, und er hatte nicht unrecht. Unsere Leser wissen, in was für einer Lage sie diesen Brief schrieb, sie fürchtete dem Manne ihres Herzens, in dem

Augenblicke, da sie die Seinige werden sollte, zu viel zu sagen, und — sagte zu wenig!

Sir Georg warf den Brief voll Unmuth von sich, ergrif ihn von neuem und fand das nehmliche. Ist die Schreiberin dieses Zettels Emilie? rief er — ihre Hand ist es, aber wo ist der Ausdruck ihres schönen Herzens? — Möchte mir doch fast jener Brief, in welchem sie mir alle Hoffnung auf das höchste Glück meines Lebens abschneidet, lieber seyn, als dieser, in welchem mir alles zugesagt wird. Jener Brief der Entsagung voll heißer Freundschaftsgefühle, und dieser kalte todte Zettel mit einem leeren Ja — das mir vielleicht nichts verspricht als ihre Hand, indessen ihr Herz einem andern gehört. O hier hat nicht Liebe, sondern Zwang des Vaters ihre Feder regiert! freylich wird ihm Georg Freelove noch allenfalls besser zum Schwiegersohn gefallen, als ein Lieutenant Wildham, dessen Namen man nirgend nennen hört! — Aber wer muß dieser Wildham seyn? Sollte mein Freund, der Doktor, nichts davon wissen? O ihn, ihn will ich fragen, er soll alle meine Zweifel aufklären, und mich trösten! — Aber wird er, er sage was er wolle, auch den Zwang und die Kälte aus diesem tödtenden Briefe hinweg vernünfteln können?

Sir Georg übertrieb den Tadel, den er an dem Schreiben der unschuldigen Emilie fand, offenbar, auch ist kein Zweifel, er würde nichts an ihn ausgesezt, alle seine Mängel übersehen, und sein volles Glück darinne gefunden haben, wäre sein Herz nicht vorher mit Argwohn und Mißtrauen vergiftet gewesen. Er fing nach und nach selbst an, zu fühlen, daß er irre, und eilte zu seinem Freund, ihn über Emiliens Brief urtheilen zu lassen, und ihm das wahrscheinliche Verhältniß zwischen ihr und Wildham abzufragen.

Bey aller Vertraulichkeit gegen Doktor Green hatte doch Sir Georg immer aus seiner Leidenschaft für Emilien ein Geheimniß gegen ihn gemacht, und selbst jezt wußte dieser ehrwürdige Mann noch nichs von den wahren Ursachen seiner Anwesenheit in diesen Gegenden. Seine Nachfragen nach Emilien waren verkappt genug gewesen, um keine Leidenschaft zu verrathen, und er konnte also jezt um so viel mehr eine aufrichtige Antwort auf das, was er ihn wegen Wildhams fragen wollte, erwarten.

Dieser Punkt war das erste, was der Baronet dem Geistlichen vorlegte, und er wurde ganz nach dem Anschein, und nach der Meinung, welche durchgängig in diesen Gegenden herrschte, auseinander gesezt. Doktor Green sagte, wie allerdings vor kurzer Zeit ein junger wackerer Mann, Namens Lieutenant Wildham, in diesen Gegenden erschienen sey, der viel Zutrit zu Relandgrave und Montgommeryhall gehabt habe, der dem Vater und der Tochter gleich angenehm zu seyn geschienen hätte, den Emilie oft in seiner Gegenwart ihren guten Wildham genennt, und ihm, wie er wüßte, mehrere Privataudienzen gegönnt habe. Kurz vor seiner Abreise, als er, der Doktor, nebst ihm auf dem Schlosse gespeißt habe, sey Emilie nach der Tafel mit Wildham an ein Fenster getreten, habe Dinge von Wichtigkeit mit ihm abzuhandeln geschienen, und, nachdem er einige Papiere aus ihrer Hand empfangen, sey der Lieutenant, der ohnedem eine abgöttische Verehrung gegen sie in allen seinen Handlungen blicken lassen, ohne Scheu gegen die Gesellschaft vor Emilien auf ein Knie gefallen, und habe ihre Hand mit dem Ausruf: Schöpferin meines Glücks! Retterin meines Lebens! an seine Lippen gedrückt; Dinge, welche allerdings bey ihm und mehrern den Wahn erregt hätten, Lord Montgommery werde seine Tochter seinem Freund und ehemaligen Waffengenossen geben, ungeachtet einige andere meynten, er habe höhere Gedanken für sie.

Sir Georg konnte den Doktor kaum ausreden lassen; er unterbrach ihn, und stammelte ihm in wenig Worten sein wahres Verhältniß gegen Emilien. Der Doktor bedauerte ihn unendlich, und wußte wenig Trost. Emiliens Brief wurde mit Achselzucken gelesen, von dem Geistlichen zwar nicht ganz so niederschlagend gefunden als von dem Baronet, weil er doch gleichwohl ein deutliches Ja enthielt, aber Sir Georg war nun einmal auf der Laune, dieses Ja für Zwang zu halten, und ließ sich mit Mühe von seinem Freund bereden, daß er in nichts mit Uebereilung verfuhr, sondern sich entschloß, nach

London zu 'gehen, um bey Mistris Easy, seiner alten geprüften Freundin, sein geängstetes Herz auszuschütten, und erst denn zu handeln.

Während diese Dinge in dem Pfarrhause so heimlich vorgingen, daß selbst die Gebieterin desselben nichts davon muthmaßen konnte, lebte Emilie in ziemlicher Ruhe auf dem Schlosse. Der Gedanke, ihren Geliebten vielleicht bald zu sehen, hatte ihr anfangs einige frohe unruhige Empfindungen verursacht, aber da nichts erfolgte, welches die Muthmaßungen ihres Vaters von seiner nahen Anwesenheit rechtfertigte, so beruhigte sie sich auch wieder, und war zufrieden, ihr Glück gewiß hoffen zu können, wenn es ihr auch noch nicht so nahe war, als man ihr anfangs hätte einbilden wollen. — Ach, wie würde ihr Herz geklopft haben, hätte sie die wahre Lage der Sachen gewußt allein, keine Ahndung, kein Traum verrieth ihr die Gefahr ihrer Liebe, und dieses war für sie desto besser.

Fünf und zwanzigstes Kapitel.

Immer heiter werdende Aussichten verkündigen das Ende des Romans.

Emilie wandelte unter dem Schuz der Engel, der Unschuld und der Liebe ruhig ihren schönen

Weg, und sahe jeden Tag neue Freuden für sich aufgehen, Freuden der Hofnung und Freuden der Wirklichkeit.

Sie, die so oft schmerzhafte Trennungen erfahren hatte, sollte nun auch die Seligkeiten des Wiedersehens kennen lernen. Eines Tages ward in Abwesenheit ihres Vaters eine fremde Dame bey ihr gemeldet. Ihre Leute sagten ihr, eine Trauerequipage mit traurenden Bedienten halte vor der Pforte. Eine junge Dame in Wittwenschleyer stieg aus, Emilie ging ihr entgegen, und ehe sie sich es versahe, lag Lady Sara Frankair in ihren Armen.

O meine theure verkannte Emilie! rief sie, indem sie ihr Gesicht mit Thränen überströmte. Doch nein! nicht verkannt, (das Einhauchen der boshaften Karoline that keine Wirkung auf mein Herz,) nur entfernt! du weißt Emilie, ich mußte dich entfernen, um deiner und meiner Ruhe willen.

Lady Sara! wozu die Erinnerung an vergangene Zeiten? bieten uns nicht die gegenwärtigen Stoff genug zu Freud und Kummer dar?

Zur Freude? — Ja, denn ich schließe die Freundin meiner Jugend wieder in meine Arme! — Zu Kummer? — Ach wohl! ach wohl! diese Kleider sind Zeugen von dem bittersten Gram, der mein Herz um den Verlust eines Mannes zernagt, den ich anbetete! — —

Emilie weinte mit ihrer Freundin, und tröstete sie, weinte viele Tage mit ihr, ohne so grausam zu seyn, ihre bisherigen Schicksale abfragen zu wollen, welche, wie sie aus vielen Kennzeichen schloß, nicht so lachend gewesen seyn mochten, als sie sich sie in den Spaziergängen zu Myrtlehall mahlte, da sie sich noch Lord Frankairs Besitz als die höchste Staffel der Glückseligkeit dachte, und ihn entweder von ehemaligen Fehlern schon völlig geheilt glaubte, oder sich durch seine Heilung von diesen alten eingewurzelten Schäden als eine leichte Sache vorstellte.

Lady Sara war eine Brittin, unser alter Bodmer hatte ihr nie zugerufen:

„Thörichte, schmeichelst du dir ein Herz durch Schönheit zu bessern,
Welches zu bessern die Schöne der göttlichen Tugend zu schwach ist?"

Aber sollte nicht irgend einer von ihren Landsleuten ihr das nehmliche gesagt haben? — Was sie nicht wußte oder nicht glauben wollte, lernte sie in kurzem durch eigene Erfahrung. Lord Frankair blieb der nehmliche, der er als Lord B.. gewesen war. Leichtsinnig, unbeständig ohne Charakter, nur so lange durch Schönheit gefesselt, als sie noch nicht sein Eigenthum war, und denn schnell bezaubert durch neue Reize.

Lady Sara hatte schon Muthmaßungen hievon, ehe sie England mit ihm verließ, und diese Muthmaßungen waren Ursach, daß sie Sorge trug, die ihm wieder neu gewordene, ehemals so sehr von ihm geliebte Emilie aus seinen Augen zu entfernen. In Schottland machte sie noch deutlichere Erfahrungen von der Schwäche ihres Gemahls, in dessen Herzen sie durch Klugheit und Nachsicht doch noch immer einen kleinen Raum behielt. Frankreich, welches sie nachher mit ihm besuchte, war der Ort, der sie gänzlich um ihn brachte. Eine schöne Schlange, eine verführerische Schauspielerin riß ihn völlig von ihr los, und er fiel in einem Zweykampfe als ein Opfer seiner Thorheit für eine Lasterhafte. Er starb reuevoll in den Armen einer Gemahlin, die durchaus edel gegen ihn gehandelt hatte, und an deren Seite er das glücklichste Leben hätte führen können.

Die unglückliche Lady Sara! sie ging nach England zurück, und hinterließ in Frankreich bey dem Grabe ihres Gemahls einen guten Theil der Heiterkeit, die wir sonst an ihr kannten, und die ihr der Himmel weislich zugetheilt hatte, weil sie zu großen Leiden bestimmt war.

Emilie bat ihre Freundin, den Sommer über bey ihr zu bleiben, und strebte nicht ganz ohne Erfolg, ihr verwundetes Herz zu heilen. Auch Lord Edward zeigte sich sehr geschäftig in Tröstung der schönen Fremden, und seine Bemühungen waren in der Folge vielleicht noch wirksamer als die seiner Tochter. Das Haus Lord Montgommerys, zu welchem sich Lady Sara, die ihre alte Freundin nicht verlassen konnte, mit gutem Herzen rechnete, und das ehrwürdige Ehepaar von Relandgrave, wozu sich noch zuweilen jene Lady Worthy und ihr Gemahl einfanden, machten eine Gesellschaft aus, die man mit Recht unter die unterhaltendsten des ganzen Königreichs rechnen konnte. Emilie vermißte nicht die Besuche des Klubs der klugen Frauen, welche, so wenig man auch zu Montgommeryhall und Relandgrave Notiz von ihnen nahm, nicht ermangelten sehr viel Notiz von allem zu nehmen, was an diesen Orten vorging. Da Emilie sich wenig um die Anbeter bekümmerte, welche ihr ihre Reize an den jungen Herren der umliegenden Gegenden erwarben, sondern nur immer bald mit süßer Hofnung, bald mit stillem Trauren an dem Andenken ihres zögernden Geliebten hing, so hörte sie bald auf, der Gegenstand der Berathschlagungen jener fünf Sybillen zu seyn, und Lady Frankair trat an ihre Stelle. Man betrachtete sie bald, zu größten Schmerzen der Wittwe Manlove und vielleicht nicht ganz ohne Grund, als künftige Lady Montgommery; denn so viel war gewiß, daß Lord Edward etwas für sie zu fühlen begunnte, über dessen Benennung er nicht so zweifelhaft war wie weiland über seine Neigung für Emilien. Auch war Lady Sara nicht taub gegen Emiliens Vorbitten für ihren Vater, und schützte sich nur noch mit den gewöhnlichen Sentenzen junger Wittwen, die man ihr gern bis zu vollendetem Trauerjahr gönnte, und dann von der Zukunft das Weitere erwartete.

Emiliens Neigung zu einsamen Nachdenken an Sir Georg, oder ihr Verlangen, ihrem Vater eine einsame glückliche Stunde an Lady Sarens Seite zu verschaffen, war eines Tages so groß, daß sie beyde bey den gewöhnlichen Spaziergängen verließ, und allein zu Hause zu bleiben beschloß. Lord Edwards und Lady Sarens Weg ging durch den Park von Montgommeryhall in den von Relandgrave, und so kurz auch dieser Weg war, so konnte doch Emilie darauf rechnen, daß er von ein paar angehenden Liebenden, die einander viel zu sagen hatten, nicht schnell zurückgelegt werden würde, und daß, da Herr und Mistris Reland von ihnen zur Abendtafel eingeladen und herüber begleitet werden sollten, ihre Rückkunft erst spät zu vermuthen sey.

Diesen Tag ganz ihrem Geliebten zu widmen, ganz ihren Kummer über sein unbegreifliches Schweigen im Stillen auszuweinen, und der Ursach seines seltsamen Betragens nachzuspähen, vielleicht auch an die Verwahrerin aller ihrer Geheimnisse, Mistris Easy, in diesen Angelegenheiten zu schreiben war Emiliens Absicht, die aber schnell durch eine unvorhergesehene Begebenheit gestört ward.

Emilie ging hinab in den Garten, um mit ihren Gedanken an irgend ein gewähltes Lieblingsplätzgen zu wallfahrten, aber ein Wa=

gen mit sechs Pferden, der nicht weit von dem
großen Schloßthor hielt, machte, daß sie stuzte;
und voll Verdruß, in ihrer Ruhe gestört zu werden, ihr Mädgen abschickte, nach den ankommenden Fremden zu fragen, indessen sie wieder
auf ihr Zimmer zurückging, um eine kleine Aenderung in ihrem Anzuge zu machen. Aber schnell
verscheuchte die Nachricht, eine auf der Reise er-
krankte Dame bitte um Erlaubniß, hier abzutre-
ten, die Putzgedanken des guten Mädgens nebst
ihrem Verdruß, in ihrer Einsamkeit gestört zu
werden. Mit einem Herzen voll Mitleid und
mit der gastfreyen Geschäftigkeit der ersten Welt-
bürgerinnen, welche zuweilen das Glück hatten,
Engel zu bewirthen, flog sie hinab. Die leichte
Morgenkleidung und das ungeschmückte blos in
seinem eigenen Locken fliegende Haar ward ganz
über den Gedanken an fremdes Leiden und
nothwendige Hülfe vergessen, und sie stand auf
den Stufen der großen Pforte, als man noch eben
beschäftiget war, die Kranke aus dem Wagen
zu heben.

Emilie legte selbst Hand an, sie die Stufen hinauf leiten zu helfen; die Fremde stammelte mit schwacher Stimme einige Entschuldigungen, und Emilie antwortete mit ihrer gewöhnlichen Mildherzigkeit und feiner Lebensart; aber
schwerlich konnte die Kranke etwas verstehen,
denn sie ward in diesem Augenblicke von einer
völligen Bewußtlosigkeit befallen, so daß sie Emiliens Arme aufrecht halten mußten, bis ihre

Kammerfrau samt den andern Bedienten herbei=
kam!, sie in einen untern Saal zu bringen.

Emilie hatte schon in dem ersten Anblick
der Fremden und der Personen, welche sie um=
gaben, etwas bekanntes gefunden, aber als sie
jezt eigenhändig ihre Kappe, welche das Gesicht
verhüllte, zurückschlug, um sie mit stark riechen=
den Waffern zu sich selbst zu bringen, da erklärte
sich ihr auf einmal die Wahrheit, die sie schon
seit einigen Augenblicken dunkel geahndet hatte.

Mistris Freelove war es, die sie in ihren
Armen hielt, und das Gesicht der Kammerfrau,
welches ihr ersten Blicks so sehr aufgefallen war,
gehörte niemand als der klugen und verschwiege=
nen Frau Hawley, welche ehemals bey Emiliens
Verbannung aus Fairlymanor eine so große
Rolle spielte.

Die Dame war auch denn, als sie sich er=
holt hatte, noch zu krank, um zu sehen, wessen
Hand sich so liebreich um sie beschäftigte, und
Frau Hawley, die Emilien gleich im ersten An=
schauen gekannt hatte, war zu bestürzt und zu
bekannt mit der ihr ziemenden Zurückhaltung,
als daß sie hätte ihre Gedanken laut werden las=
sen; so daß Mistris Freelove schon von dem jun=
gen Mädchen eine Menge der zärtlichsten Dienst=
leistungen erhalten hatte, ehe sie wußte, bey
wem oder wo sie war.

Reinolds 2 Thl.   Q

Die Matrone von Fairlymanor war dergleichen jähen Zufällen, wie der gegenwärtige, sehr unterworfen, und die Aerzte hatten bey solchen Gelegenheiten Mittel vorgeschrieben, welche augenblicklich gebraucht werden mußten, und die sie auf ihren kleinen Reisen allezeit bey sich zu führen pflegte. Ihre Leute wußten denn schon, daß in solchen Fällen allemal an dem nächsten Hause, Pallast oder Bauerhütte, was es seyn mochte, gehalten werden müßte, und da nun auf dem Wege, den man diesen Tag vorgenommen hatte, das Schloß von Montgommeryhall das nächste war, das sich der Hülfsbedürftigen zeigte, so mußte es natürlich gewählt werden. Mistris Freelove kam von einem Besuch bey Lady Karolinen F... in Essex, wo sie sich vielleicht den Grund ihrer jetzigen Krankheit, welche immer eine Folge von Kummer oder Aergerniß war, geholt hatte, und kehrte nach Fairlymanor zurück. Ihre Absicht war gewesen, bey einer bekannten Dame zu übernachten, die ihren Sitz sieben Meilen von Montgommeryhall hatte, aber das Schicksal wollte es anders; sie sollte unversehens in die Arme einer Person geführet werden, welche ehemals so grausam von ihr behandelt worden war, und die das Glück jetzt über ihre Gnaden und Ungnadenbezeugungen weit erhoben hatte.

Obgleich Emilie alles that was in ihrem Vermögen war, die kranke Dame zu erquicken, ob sie gleich eine lebhafte Freude fühlte, eine Person wieder zu sehen, welche sie immer — sollte es auch nur um des theuren Namens Freelove willen — geliebt hatte, so fehlte es ihr doch auch nicht an geheimen Unruhen, da sie die gegenwärtigen Gesinnungen der Dame, die sie ehemals in so großem Zorne von sich gelassen hatte, nicht kannte, da sie nicht wußte, ob sie noch in allem, was ihr seitdem begegnet war, unwissend seyn, oder ob ihr Sir Georg etwas davon gemeldet haben möchte.

Sobald Mistris Freelove sich ein wenig erholte, und das junge Mädchen an ihrer Seite gewahr ward, warf sie einen Blick voll Ernst auf sie, und rief: Betrügen mich meine Augen, oder sehe ich wirklich Emilie Reinolds vor mir?

Nein, Madam, erwiederte sie; sie irren sich nicht, ich war einst die Emilie Reinolds, die sie mit ihrem Schutze beehrten, aber ich bin seitdem so glücklich gewesen, meinen Vater wiederzufinden, welcher der Eigenthümer dieses Hauses ist, und Montgommery heißt.

Ihr Vater, der Eigenthümer dieses Hauses? sein Name Montgommery? Vermuthlich Lord Edward Montgommery, der Erbe Lord Davids seines ältern Bruders? und sie Lord Montgommerys Tochter?

Ja, Madam. Lord Edward wird sich sehr glücklich schätzen, die ehemalige Gönnerin der armen Emilie in seinem Hause zu sehen, und vielleicht gelingt es ihm, sie zu überzeugen, daß ich der Gunst mit welcher sie mich vordem beehrten, nicht ganz unwürdig war.

Mistris Freelove, die, so lgut und edel sie seyn mochte, doch die Schätzung jeder Person, nicht nach ihren Verdiensten, sondern nach ihren Range abmaß, verbeugte sich tiefer gegen Lady Montgommery, als sie gegen Emmy Reinolds gethan haben würde, wenn diese gleich eben so unschuldig wie jetzt vor ihr gestanden hätte; auch stammelte sie einige Entschuldigungen vergangener Dinge, welche aber zum Glück für sie und die erröthende Emilie durch Lord Edwards Ankunft unterbrochen wurden, der, sobald er bey seiner Rückkunft von der Anwesenheit einer vornehmen Fremden gehört hatte, sich bey ihr ansagen ließ, und jetzt in Gesellschaft Lady Sarens und Mistris Relands hereintrat, sie in seinem Hause willkommen zu heissen.

Die erste Zusammenkunft zwischen Mistris Freelove und Lord Montgommery war so, wie alle erste Zusammenkünfte zu seyn pflegen; nichts von Wichtigkeit fiel in derselben vor, nicht ein Wort über die ehemaligen Begebenheiten zu Fairlymanor. Emilie wünschte ernstlich, ihr Vater möchte irgend etwas auf die Bahn bringen, das zu ihrer Rechtfertigung diente, aber dieses war bey einer Dame, wie die Matrone von Fairlymanor nicht nöthig, welche geneigt war, die ehemals so schimpflich aus ihrem Hause Vertriebene, jetzt blos darum zu entschuldigen, weil sie einen vornehmen Vater hatte.

Emiliens beste Rechtfertigung über den ehemaligen Verdacht wegen Lord B...s, war die Freundschaft mit Lady Saren. Die schöne Wittwe und Mistris Freelove begrüßten einander als Verwandtinnen, es wurden dem traurigen Schicksal Lord Frankairs, ehemaligen Lord B...s einige Thränen gezollt, und dann Gespräche begonnen, in welchen Lady Frankair nicht ermangelte ihre Freundin Emilie in ihrem schönsten Lichte darzustellen.

Sie war immer ein gutes Mädchen, erwiederte die alte Dame, ich schätzte sie immer hoch. Kleine Mißverständnisse brachten uns ehemals aus einander, aber ich hoffe, Lady Emilie wird vergessen, was Emmy Reinolds zur Last gelegt werden konnte.

Emilie Montgommery, erwiederte das erröthende Mädchen, wird die arme Emmy Reinolds zu rechtfertigen wissen.

Keine Rechtfertigungen, mein Kind, sagte die alte Dame, jetzt keine Auseinandersetzungen alter längst vergeßner Dinge! Ich bin zu schwach zu ernsten Geschäften, und Lady Sarens, und Lord Montgommerys Bürgschaft ist mir gut für alles.

Mistris Freeloves Anfälle von Krankheit dauerten, so heftig sie auch waren, selten lange, und sie befand sich des andern Tages wohl genug, um mit Lady Saren, die jetzt vollkommen von

Emiliens ganzer Geschichte unterrichtet war, ausführlich über die ernsten Geschäfte zu sprechen, denen sie des vorigen Tages ausgewichen war. Die Erklärungen mußten völlig zu Emiliens Vortheil ausgefallen seyn, denn sie merkte wohl, daß sie jetzt mit mehrerer Zärtlichkeit in die Arme geschlossen ward, als da man sie des vorigen Abends, des ersten Kusses als Lady Montgommery würdigte. Auch ward Lady Karolinens, der Urheberin jener Irrungen, mit welcher Mistris Freelove jetzt ohnedem schlecht zufrieden war, mit einigen unwilligen Seitenwinken gedacht und Frau Hawley, die Handlangerin der Bosheit, bekam sehr finstere Blicke.

Unser englisches Original sagt viel von dem strengen Gericht, welches über die heimtückische Zofe ergieng, und wider welches Emilie wenigstens keine Einwendungen gemacht zu haben scheint; uns dünken unsere Nachrichten glaublicher, welche von diesen Dingen nichts melden. Unsere Emilie war zu glücklich, war zu gut, um die Bestrafung einer Armseligen zu dulden, welche im Grunde ganz unschädlich für sie gewesen war. Sie protestirte vielmehr wider die Abschaffung einer Person, die Mistris Freelove durch lange Gewohnheit unentbehrlich geworden seyn mußte. Ihr war nicht unbekannt, wie schwer es alten Damen wird, sich von ihren alten Dienerinnen zu trennen.

Sechs und zwanzigstes Kapitel.

Gewaltige Schritte zum Schluß.

Mistris Freelove bat um eine ausführliche Erzählung von Emiliens Geschichte, und sie ward ihr gewährt. Nicht ohne Ursach besorgte man, die Erzählung würde bey ihrer großen Bescheidenheit, in ihrem eigenen Munde zu viel verlieren, und ihre Freunde, Mistris Reland, Lady Sara, und Lord Edward nahmen es über sich, die alte Dame von allen zu unterrichten, als Emilie einst abwesend war. Alles klärte sich nunmehr auf, die vorhandenen Briefe nebst ihren Antworten, welche zu Beweisen dienen konnten, wurden producirt, und die Matrone erstaunte, wie sie das beste edelste Mädchen, das überall unverbesserlich, gehandelt hatte, so hatte verkennen können. Die letzten Briefe, die zwischen ihr und dem Baronet gewechselt worden waren, gaben der Sache den Ausschlag. Mistris Freelove fand sich nicht wenig geschmeichelt, daß man so viel Rücksicht auf ihre Einwilligung bey einer Sache genommen hatte, wo man dieselbe eigentlich gar nicht bedurfte. Ob indessen all diese Dinge den nehmlichen Eindruck auf sie gemacht haben würden, wenn Sir Georgs Erwählte, Emmy Reinolds geblieben wär, wollen wir nicht untersuchen, jetzt freylich, da sie Lady Montgommery war, schwur die Dame, die Liebenden müßten ein Paar werden, wenn nur Lord Edward einwilligte, und Emilie ward, als sie wieder erschien, mit dem Namen liebe Nichte an die Brust gedrückt. Von der Unrechtmäßigkeit ihrer Geburt war gar nichts gedacht, da der zärtliche Vater nichts versäumt hatte, diesen Flecken zu tilgen, und Emiliens Mutter sowohl, als er, aus einer der edelsten Familien entsprossen war. Das letzte vornehmlich war bey der alten Dame von großen Gewicht, denn sie gehörte bey all ihrer eingebildeten Gerechtigkeitsliebe doch zu denenjenigen, die die Vergehungen der Geringern mit schärfern Augen betrachten, als die Verbrechen der Großen. Wär Emiliens Mutter ein armes von Liebe und Unerfahrenheit verleitetes Geschöpf, ohne Rang und Ansprüche gewesen, so würde dies freylich einen nachtheiligern Schatten auf sie geworfen haben, als Lady Wilmorens freywilliger Fehltritt, den sie nie verbessern mochte, so sehr es in ihrer Gewalt war, und nicht eher bereute, als sie seine nachtheiligen Folgen fühlte.

Emilie nahm die Liebkosungen der alten Dame mit der einnehmendsten Bescheidenheit an, und zugleich mit einem Entzücken, daß sie nie zuvor fühlte. O Madam, rief sie, wie verdiene ich so viel Güte! O Lady Montgommery, erwiederte die Matrone, wie verdienten sie die grausame Bewegung, die ihnen in meinem Hause widerfuhr? Könnte ihr gutes Herz in Rache Beruhigung finden, so würde ich ihnen sagen, daß einige ihrer Feinde, welche sie damals verhaßt in meinen Augen zu machen wußten, gegenwärtig hinlänglich bestraft sind, und sich durch sinnlosen

Streit mit ihrem bösen selbst gewählten Schicksal immer noch unglücklicher machen. — — — Die Bestrafung der andern werde ich auf mich nehmen, und keine, selbst ihre Vorbitte, nicht gelten lassen.

Nichts konnte jetzt Emiliens Glück trüben, als der Gedanke an Sir Georgs unerklärliches Verweilen. Mistris Freelove fand es, nach den letzten Vorgängen, gleichfalls unbegreiflich, sprach, sie wolle ihm schreiben, und kam endlich auf den Einfall, der, weil er ihrer Eitelkeit schmeichelte, ihr am besten gefiel, er würde Bedenken getragen haben, ohne Rücksprache mit ihr etwas in der Sache mit Emilien zu schließen, und daher nach Fairlymanor gegangen seyn, wo er sie vergeblich gesucht haben müßte.

Sie beschloß ihn dort aufzusuchen, und Emilien zu ihrer Begleiterin zu erbitten, ohne ihr etwas von ihrer Muthmaßung zu sagen, weil sie sie jetzt hinlänglich kannte, um zu wissen, daß ein Uebermaaß von Delikatesse sie leicht abhalten könne, ihrem Geliebten, der durch sein Stillschweigen Zorn verdiente, gleichsam auf halbem Wege entgegen zu kommen.

Der Vorschlag ward gethan, und ohne Bedenken angenommen, Lady Sara erbot sich zu Emiliens Begleiterin, auch führte ihnen das Schicksal, während sie mit Reisebereitungen beschäftigt waren, noch eine Gefärthin an Mistris Easy zu.

Emilie flog dieser guten Dame mit dem Entzücken einer Tochter entgegen, nannte sie tausendmal ihre Mutter, und stellte sie ihrem Vater vor, der sie als die Retter in seines Kindes aufnahm, und ihr wie einer alten Freundin begegnete. Der Empfang bey Mistris Freelove war freylich etwas zurückhaltender und standesmäßiger; denn die alte Dame vergaß nie, was sie ihrem Range schuldig war, aber doch war er herzlich genug. Mistris Freelove gestand zwar, daß sie eine Zeitlang irre an ihrer Freundin gewesen sey, und geglaubt habe, sie könne zum Vortheil anderer unredlich an ihr gehandelt haben, aber zugleich versicherte sie, Emiliens Geschichte habe alles aufgeklärt, und sie würde sich freuen, auf den alten Fuß mit Mistris Easy leben zu können.

Mistris Easy war eine Frau, die sich weder demüthigen, noch schmeicheln, noch bey dem geringsten Anschein von Rückkehr mit einer alten Freundin schmollen konnte, sie betrug sich also auch hier mit wahrem Anstande, und labte sich am Abend, für das Steife in dem Umgang mit der Gebieterin von Fairlymanor, in den Armen der unschuldigen Emilie, die ihr viel von ihren bisherigen Begebenheiten erzählen wollte, ohne sich zu erinnern, wie genau sie ihr bereits alles in Briefen gemeldet hatte. Besonders über Sir Georgs letzteres Verhalten sehnte sie sich mit ihrer weisen Rathgeberin zu sprechen, diese aber bezeugte wenig Lust, sich hierüber weitläuftig einzulassen, und antwortete nur kürzlich, wie sie hoffe, daß sich alles in kurzem geben werde.

Auch war sie mit der Reise nach Fairlymanor wohl zufrieden, und willigte auf Mistris Freeloves erste Bitte ein, eine Gefährtin auf derselben abzugeben.

Des andern Tages, gleich nach dem Frühstück, nahmen die vier Damen Abschied von Lord Montgommery, und traten ihre Reise an. Da Mistris Freelove und Mistris Easy anfiengen vertraulicher zu werden, und einander eine große Menge Dinge zu sagen hatten, so bekamen die beyden andern volle Muße ihren eigenen Gedanken nachzuhängen. Ob die junge Wittwe sich mehr mit dem Andenken des verstorbenen Gemahls, der ihrer so wenig würdig war, oder mehr mit dem edeln, treflichen Lord Edward beschäftigte, welcher ihr immer theurer zu werden begunnte, und den sie auf Emiliens Vorstellungen sich allgemach gewöhnte als ihren künftigen Gemahl anzusehen, das wollen wir nicht entscheiden. So viel ist gewiß, sie schien sich mit ihren Gedanken ganz gut zu unterhalten, indessen Emilie eine schlechte Gesellschafterin an sich selbst hatte. Sie war unruhig, mißmüthig, voll Ungewißheit, was sie von Sir Georg denken sollte; wünschte Fairlymanor bald zu sehen, weil sie hoffte ihn dort zu treffen, und scheute sich doch auch ihn zu finden, weil sie meynte, sie sey sehr zornig auf ihn, und könne ihm vielleicht im ersten Augenblick mit mehrerer Kälte begegnen, als die vorsprechende Liebe dulden wollte.

Sie fühlte es, daß sie bey dem Verhältniß, in welcher sie mit ihm war, wegen ihrer unruhvollen Beschäftigung mit ihm, keinen Tadel verdiente, gleichwohl unterdrückte sie jede Frage, welche ihr Neugier und Sehnsucht eingab, und hoffte nur auf den Augenblick der Ankunft zu Fairlymanor, da sich, wie sie meynte, alles entwickeln müßte; aber wie zürnte sie über die Kaltherzigkeit ihrer Begleiterinnen, welche ihr mit keiner freundschaftlichen Frage zu Hülfe kamen, und als man endlich den gewünschten Ort erreicht hatte, aussstiegen, ohne sich mit einem Worte zu erkundigen, ob Sir Georg dagewesen wär, oder Nachricht von sich eingeschickt, oder eine Zeit bestimmt hätte, wenn er erscheinen würde. Voll Unmuth begab sie sich auf ihr ehemaliges Zimmer; sie war, wie sie sagte, sehr müde, hatte Kopfschmerzen und mußte um Entschuldigung bitten, diesen Abend nicht bey der Tafel erscheinen zu können. Die Wahrheit von dem allen war, daß sie sich sehnte, an dem Orte, der so manche ihrer Thränen um Sir Georg gesehen hatte, auch diejenigen auszuweinen, die das Schicksal, ohne daß sie es wußte, zu den letzten Zeichen hoffnungsloser Liebe bestimmt hatte.

Sir Georg war, wie wir wissen, seinem Glück, den Armen seiner Emilie, die sich ihm jetzt entgegen breiteten, nahe gewesen, und hatte sich durch thörichten Argwohn zurück schrecken lassen. Die Räthsel von Lord Fairlove und Lieutenant Wildham, davon er etwas aus Mistris Greens geschwätzigem Munde lauschend vernommen hatte, brachten ihn fast zu Verzweiflung; nur gut, daß er so viel unerklärliches in denselben fand, daß er sich nach Auflösung sehnte, und dieselbe am rechten Orte, bey Mistris Easy suchte. Ein anderer als er, hätte vielleich alles für bekannt angenommen, wär entweder, wenns gleich die Mode des Tages so mit sich gebracht hätte, ein wenig verrückt geworden, hätte Zuflucht bey Gift und Schießgewehr gesucht, oder hätte die Treulose gänzlich aufgegeben, und — sein Glück auf andere Art probirt. Für solchen Thorheiten bewahrten Sir Georgen gesunde Vernunft, und festgesetzte gute Meynung für Emilien.

Glücklicherweise fand er Mistris Easy zu Kensington, berichtete ihr, was ihm auf dem Herzen lag, und erhielt über die von der Lästersucht verunstalteten Stellen aus Emiliens letzten ihm unbekannten Begebenheiten, so vollen, so befriedigenden Aufschluß, daß er seine Leichtgläubigkeit gegen die Stimme der Bosheit, verwünschte, ängstig die Stunden nachzählte, die er nun schon an der Seite der Geliebten hätte genießen können, und sich lieber gleich zu ihren Füßen gestürzt hätte, ihr Vergehungen abzubitten, von welchen sie nichts wußte.

Seine Rückreise nach Montgommeryhall ward dadurch aufgeschoben, daß Mistris Easy ihm rieth, lieber nach Fairlymanor zu gehen, seine Tante von der gegenwärtigen Lage der Sachen zu unterrichten, und sich dieselbe durch die

Bitte, seine Freywerberin bey Lady Emilie Montgommery zu werden, ihre ewige Freundschaft zu erkaufen, indessen sie, Mistris Easy, sich anheischig machte, an seiner Stelle zu Emilien zu reisen, und sie in der guten Meynung für ihn zu erhalten, von welcher er immer noch fürchtete, sie könne durch irgend etwas wankend gemacht werden.

Mistris Easy that, wie sie ihm versprochen hatte, und fand zu ihrem großen Erstaunen Emilien in Mistris Freeloves Gesellschaft, und auf dem Punkte nach dem Orte abzugehen, wo sie den Geliebten finden sollte; bey so bewandten Umständen fand sie es unnöthig, sein Wort zu reden. Emiliens dauernde Neigung für den Baronet war unverkennbar, und das Quentgen Kummer, das ihr die Ungewißheit seinetwegen machte, mißgönnte ihr Mistris Easy darum nicht, weil sie, ihrem Urtheil nach, wirklich eine kleine Strafe für den steifen zeremoniösen Brief verdiente, den sie in der Fülle eines liebenden Herzens zu schreiben im Stande gewesen war, und der Sir Georgs Täuschung so wohl begünstigt hatte.

Ueberraschung, die angenehmste Ueberraschung, mußte, wie diese kluge und zärtliche Freundin meynte, alle vergangene Leiden völlig vergüten, und dem armen Baronet das Glück verschaffen, sein Mädgen ganz natürlich, ganz ohne den Zwang der Etiquette handeln zu sehen, wie vielleicht bey der geringsten Vorbereitung nicht geschehen seyn würde.

Mistris Freelove traf ihren Neffen, nach dem was wir eben gesagt haben, ganz natürlich zu Fairlymanor. Aber Emilie hatte zu sehr geeilt ihren kleinen Eigensinn in der Einsamkeit ihres Zimmers zu vergraben, als daß sie mit dem Anblick dessen, welcher all' ihrem zärtlichen Kummer ein Ende machen sollte, so schnell erfreut werden konnte.

Der Baronet kam eine Stunde nach Ankunft seiner Tante von einem seiner gewöhnlichen Spaziergänge an die Oerter, wo er einmal etwa Emilien oder einen Schatten von ihr gesehen hatte, zurück, und flog zu Mistris Freelove, ihr alles das zu sagen, was er so lang auf dem Herzen hatte. Eine sehr ernste Unterredung zwischen beyden, oder vielmehr zwischen dreyen nahm Platz, denn Mistris Easy hatte jetzt Sitz und Stimme im hohen Rathe zu Fairlymanor. Die Anwesenheit der Letzten war nicht unnöthig, denn der hitzige Sir Georg, der seine Tante seit Emiliens Verstoßung nicht gesehen, und auf die wenigsten seiner Schreiben Antwort erhalten hatte, fing statt der sanftfließenden Rede, die ihm seine Vertraute vorgeschrieben hatte, eine ziemlich bittere Rekapitulazion vergangener Dinge an; aber Mistris Easy that ihm schnellen Einhalt, forderte mit dem Ernst der Freundschaft, daß jetzt von nichts als den zur Sache gehörigen Dingen gesprochen werden sollte, und so geschah es denn, daß beschlossen ward, der künftige Gemahl Lady Emiliens sollte gänzlich vergessen, was Emmy Reinolds zu Leide geschehen sey, und Sir Georg solle nur denn Hoffnung haben, bald und mit völliger Einwilligung der Dame von Fairlymanor glücklich zu seyn, wenn er, so sanft und versöhnlich wie das Mädgen seines Herzens, jener Begebenheiten nie im Bösen zu gedenken verspräch.

Der Baronet versprach alles, und fragte nun voll Ungeduld, wenn, wenn der glückliche Augenblick anbrechen würde, da er den Weg zu seiner Geliebten antreten könne.

So bald sie wollen, erwiederte Mistris Freelove lachend; der Weg ist so weit eben nicht; sie werden Emilien in eben dem Zimmer finden, dessen Fenster sie, wie mir ihre Neider ehemals hinterbrachten, immer in mondhellen Nächten so kläglich anzuseufzen pflegten, denn in das Innere dieses Heiligthums sind sie bey des lieben Mädchens löblicher Zurückhaltung, dochwohl nie gekommen!

Wie? Was? schrie der Baronet, ohne seine Tante ganz auszuhören, Emilie? Emilie hier? — Auf ihrem Zimmer? — O meine Freundin! liebe gute Mistris Easy, ich bitte, eilen sie, bewegen sie den Engel zu uns herab zu kommen, und die Schwüre ewiger Liebe aus meinem Munde anzuhören.

Und was hindert sie, den Weg zu dem Himmel, in welchem dieser Engel wohnt, selbst anzutreten? fragte die scherzende Mistris Easy. Kommen sie, kommen sie, wir sind ihre Begleiterinnen, und stehen ihnen für alles, wenn etwa ein kleiner Zorn über ihre Kühnheit in dem Herzen des lieben Mädchens erwachen sollte.

Emilie saß in tiefem traurenden Nachdenken auf ihrem Sopha, als beyde Flügel der Thür ihres Zimmers aufsprangen, und Sir Georg hereinstürzte, sich zu ihren Füßen zu werfen. Fast war das freudige Erschrecken des bekümmerten Mädchens zu groß; denn sie sank mit leiser Nennung des Namens ihres Geliebten, dessen Erscheinung ihr wie ein Traum vorkam, halb leblos zurück. Doch die beyden Matronen, mit allen Hülfsmitteln, eine ohnmächtige Schöne zu erquicken, waren in der Nähe, und was ihre Riechfläschgen nicht vermochten, das that Sir Georgs harmonische Stimme, welche Emilien schnell ins Leben zurück rief.

Mistris Easy hatte recht gehabt. Emilie war so überrascht, daß sie alle Zurückhaltung vergaß, fast so wie ehemals bey den Abentheuern in der Kutsche, in die Arme ihres Geliebten sank, und durch jeden ihrer Blicke, jeden ihrer abgebrochenen Töne, die Liebe ganz verrieth, von welcher ihr unschuldiges Herz voll war. Mit dem Zorne, vor welchem ihr selbst so bange gewesen war, hatte es also keine Gefahr; und Sir Georg erhielt Verzeihung, ehe er noch nur dieselbe bitten konnte, oder vielmehr, man war sich in diesen seeligen Augenblicken gar nicht bewußt, daß er deren nöthig gehabt habe..

Die Matronen mischten sich jetzt in die zärtliche Unterhaltung, und die erröthende Emilie begunnte sich besser zu fassen, sie stammelte Entschuldigungen, daß sie natürlich gehandelt, und die Larve der Etiquette auf einen Augenblick vergessen hatte.

Der ehrerbiethige Sir Georg ließ auch seiner Seits sich in die Schranken des Zeremoniels zurückschrecken, und wahrscheinlich würde nun ein Quartett begonnen haben, das für die Hauptpersonen sehr zwangvoll hätte ausfallen müssen, hätten die alten Damen nicht bedacht, daß sich die Liebenden tausend Dinge zu sagen haben müßten, bey welchen ihre Gegenwart überley war.

Sie entfernten sich, und Georg und Emilie kamen von zärtlichen Blicken schnell auf Worte, mit welchen sich, wie wir unserm englischen Original gern glauben wollen, ganze Seiten anfüllen liessen, die wir aber zur Privaterbauung liebender Seelen nächstens besonders herausgeben wollen, und deswegen für den gegenwärtigen Augenblick überschlagen.

Nach zwo Stunden rufte man den Baronet und seine Geliebte zur Tafel, sie gingen hinab um wenig zu sprechen, viel zu denken, und keinen Bissen zu essen, indessen Lady Sara nebst den beyden alten Damen, ernstlich über die Anstalten zu den Hochzeitfeyerlichkeiten zu Rathe gieng. — Tag und Stunde ward bereits von ihnen ohne weitere Rücksprache mit den Liebenden benennt, und die Matronen bestanden darauf, daß man das fröhlichste Fest nur darum etwas weiter hinaus setzen müsse, damit nichts an dem Glanz und der Pracht fehlen möchte, damit es gefeyrt werden müsse. Aber Lady Sara, die den Geschmack wahrer Liebe besser kennte, sprach für das junge Brautpaar, und machte einen Entwurf zur Feyer ihres fröhlichsten Tages, aus welchem sie alles Geräusch und allen zwangvollen Pomp so viel als möglich verbannte, und dafür manchen dankenden Blick von den Verliebten erhielt.

Wahre Freude ist, wie man sagt, eine sehr ernsthafte Sache, und Georg und Emilie hatten in der Fülle ihres Entzückens eine Miene, die fast zu feyerlich für ihr Glück war, aber die muntere Lady Sara und die scherzende Easy trugen Sorge, sie am Ende mit in das gemeine Gespräch zu verstricken, und von ihrem enthusiastischen Schweigen los zureissen; und unter Lachen und Scherz verstrich einer der seligsten Abende, die vielleicht in dieser Zeitlichkeit sind verlebt worden.

Sieben und zwanzigstes Kapitel.

Das gewöhnliche Ende aller Romane.

Emilie ward nach und nach vertrauter mit dem Gedanken an ihr Glück, und bequemte sich, nachdem sie ihrem Vater allen Verlauf geschrieben, und ihn um seine schleunige Ueberkunft gebeten hatte, mit ihren Freundinnen über tausend hochnöthige Dinge zu Rathe zu gehen.

Während sie mit den drey Frauen in tiefen Ueberlegungen wegen der Hochzeitkleider saß, begab sich Sir Georg auf sein Zimmer, um verschiedene Courirs nach London abzufertigen, und denn sich selbst auf die Reise zu machen, weil Lord Montgommery in wenig Tagen zu Fairlymanor erwartet wurde, und er es für Pflicht hielt, dem Vater seiner Familie, den er, wenn es nach den strengsten Regeln der Etiquette gegangen wär, in seinem eigenen Hause um das Glück seines Lebens hätte bitten sollen, wenigstens die Hälfte des Wegs entgegenzukommen. Sie trafen sich wenige Meilen von Montgommeryhall, denn einige unvorhergesehene Verhinderungen hatten Lord Edwards Abreise verzögert. Mylord nahm die Höflichkeit des Baronets sehr wohl auf, und blieb so vergnügt über seinen künftigen Schwiegersohn, als dieser über den edlen Mann, den er bald Vater nennen sollte. Da Lord Montgommery nichts sehnlicher wünschte, als seine Tochter plötzlich zu sehen, und sie zu einer reichen Braut zu machen, und der Baronet von seiner Seite nichts zu groß achtete, was er für die Geliebte seines Herzens thun konnte, so ward man der Sache bald einig, und die Schriften wurden gleich nach der Ankunft zu Fairlymanor ausgefertigt, und unterzeichnet.

Zärtlich war der Empfang, den der Vater bey der Tochter, der Bräutigam bey der Braut, der Liebende bey der Geliebten, die Freunde bey den Freundinnen fanden. Man fühlte sich so glücklich, daß man nicht im Stande war, eine Bitte abzuschlagen, die der eine Theil an den andern thun konnte, und so mußte sich Emilie bequemen, gleich des nächsten Sonntags Lady Freelove zu werden. Gern hätte man Lady Saren beredet, auch Lord Montgommery an diesem Tage mit ihrer Hand zu beglücken, aber die noch nicht ganz abgelegten Trauerkleider gaben ihren Weigerungen einen so kräftigen Nachdruck, daß man abließ, in sie zu dringen, und sich mit dem Versprechen begnügte, das sie an Emiliens Hochzeitsfeste zuerst ohne Bedingung von sich gab, daß sie Lord Edwards oder keines andern seyn wollte.

Mistris Freelove, welche nicht ohne Gefühl gegen zeitliche Güter war, billigte den Eifer, mit welchem sich Emilie in den Heyrathsangelegenheiten ihres Vaters verwendete, nicht ganz, und ermangelte nicht, ihr in der Stille einige be=

deutende Winke darüber zu geben, daß es sehr
zu ihrem Vortheil gereicht haben würde, wenn
Lord Montgommery ledig geblieben wäre, und
das künftige Geschwister ihr Erbtheil gewaltig
schmälern könnten. Aber Emilie, die nicht den
geringsten Sinn für Dinge hatte, wo Eigennutz
in Betrachtung kam, konnte die Berechnungen
der alten Dame nicht begreifen, sie meinte, man
möchte die Sache ansehen wie man wollte, so sey
doch der Vortheil allemal auf ihrer Seite, da ja
das Vergnügen eine so liebenswürdige Gemah=
lin wie Lady Saren zu haben, und sich in Kin=
dern wieder aufleben zu sehen, ihren theuren Va=
ter tausendmal glücklicher machen müsse, als er
im schönsten Herbst der Jahre bey einem abge=
schiedenen Leben hätte werden können.

Die Matrone ärgerte sich sehr über die Ein=
falt Emiliens, und hörte auf von der Sache zu
reden, nachdem sie versichert hatte, Lady Karoli=
ne möchte nun seyn wie sie wollte, so würde sie
doch gewiß in diesem Stück klüger gehandelt ha=
ben, welches denn auch wohl seyn konnte.

Was sollen wir unsern Lesern nun noch
weiter sagen? Sollen wir ihnen erzählen, wie
Emilie an ihrem Hochzeittage im weissen Negli=
gee mit natürlich gelocktem Haare, ohne an=
dern Schmuck als ihre eigenen Reize, jedes Au=
ge bezauberte? denn daß unsere englische Verfas=
serin diesen Punkt nicht zu melden vergessen ha=
ben wird, das können sie sich wohl vorstellen. —
Oder sollen wir ihnen von dem reichen Taschen=

buche sagen, welches Mistris Easy aus der Hand des neuvermählten Paars zum Dankzeichen für alle an Emilien erwiesene mütterliche Treue erhielt? — Die Summe, welche darin enthalten war, wird mit vieler Pünktlichkeit benennt, aber wir nennen sie nicht, weil uns dieselbe so wie jede auch die größte Belohnung für mütterliche Treue zu klein dünkt. — Emilie blieb, sie mochte auch noch so viel zur Zufriedenheit ihrer alten Freundin thun, doch immer in ihren Gedanken eine Schuldnerin, die noch keinen Anfang zum Abtrag gemacht hat. Sich von der treuen Mistris Easy zu trennen, war ihr eine Unmöglichkeit, auch sehnte die alte Dame sich wenig darnach, den Ort zu verlassen, wo ihre junge Freundin lebte. Sie war jezt durch vorerwähntes Taschenbuch ganz unabhängig, konnte leben, wo und wie sie wollte, aber sie blieb immer in Emiliens Nähe. Ihre Reisen, die sie vordem so sehr liebte, und die ihr nun ohnedem die sich mehrenden Jahre beschwerlich machten, wurden sehr eingeschränkt, und alle ihre Freunde klagten, daß sie sich vielen entzöge, um nur für eine zu leben; ein Tadel, den sie nicht achtete, da sie in Emiliens Armen fand, was sie sonst nirgends gefunden hatte, wahre ungeheuchelte Freundschaft, — Liebe und Sorgfalt einer Tochter.

Sir Georg und Emilie waren nun vermählt, und das Glück führte ihnen nach und nach alle ihre Freunde zu, um sie noch mehr zu erfreun, und alle ihre Bekannten, sie an vergangene Begebenheiten zu erinnern, Mistris Wildham und ihr glücklicher Gatte nahmen unter den ersten den vornehmsten Platz ein, so wie unter den zweyten Lady Karoline F.. und ihr Gemahl. Als Emilie den nächsten Winter mit allem Glanz, welchen ihr Rang, Reichthum und Schönheit geben konnten, zum erstenmal mit ihrem Gemahl und ihrem Vater in der Oper erschien, wollte Lady Karolinens böses Schicksal, daß auch sie gegenwärtig war. Sir Georg Freelove war boshaft genug, alle ihre Bemühungen zu vereiteln, die sie anwandte, einer Zusammenkunft mit Lady Emilien auszuweichen. Glückwünsche mußten seyn, man konnte sie nicht übergehen, aber mit welch einem Herzen sie von Karolinen gegeben wurden, läßt sich errathen. Die verfolgte Emilie, so schön, so vornehm, so reich gekleidet, an der Seite des Mannes, den Karoline lieber für sich selbst gewählt haben würde, welch ein Auftritt für ein so verwahrlostes Herz als das ihrige!

Emilie bedauerte die arme bleiche mit furchtsamen Blicken an den Augen ihres Gemahls hangende Lady F.. Er war gegenwärtig, und wußte das Geschäft, seine unglückliche Frau zu bewachen, sehr künstlich mit der Aufmerksamkeit zu verbinden, die er von ihren Augen auf fremde Reize richtete.

Emilie war heute der Hauptgegenstand seiner zügellosen Blicke, sie wandte sich unwillig von denselben hinweg, und weit entfernt, den Triumpf, der ihr auf alle Art zu Theil war, nur im geringsten zu schmecken, hätte sie viel darum ge=

geben, die ganz vernichtete Karoline nur einigermaßen aufrichten zu können, aber dies war nicht in ihrer Gewalt, denn alles, was sie sagte oder that, gereichte nur dazu, ihre Neiderin noch mehr niederzudrücken.

Der Winter verging, und Lady Freelove freute sich wieder dem ländlichen Schatten auf Sir Georgs prächtigen Landsitz entgegen. Lord Montgommerys und Lady Sarens Vermählung war auf die ersten Tage des Mays angesezt, sie sollte zu Freeloveplace gefeyert werden, und man erwartete alle Tage den Bräutigam, dem Lady Sara, welche sich all diese Zeit über bey Emilien aufgehalten hatte, ungeduldig entgegenharrte. Endlich erschien er, und ward hier von der Tochter, dort von der Braut mit dem größten Entzücken empfangen. Lady Sara liebte Lord Edward mit Leidenschaft, und er betete sie an. Sie war die schönste Frau, die man nach Emilien sehen konnte, und er ein Mann, der, ungeachtet er nicht mehr unter die Jüngsten zu rechnen war, doch die meisten Jünglinge um sich her verdunkelte; sein weiser Ernst, dem es nicht an Heiterkeit gebrach, und Lady Frankairs muthwillige Laune durch traurige Erfahrungen ein wenig gemäßigt, machten ganz den schönen Kontrast, der, wenn sonst Uebereinstimmung der Gemüther und wahre Liebe die Ehe geschlossen hat, das Glück der Verbundenen erhöht. Was für Aussichten für Emilien, die ganz in dem Glück ihrer Freundin lebte! Mit liebenswürdiger Geschäftigkeit war sie nach Freeloveplace voraus geeilt, Anstalten zum Verbindungsfest ihrer Lieben zu machen, welches nicht lang verschoben, sondern mit all der zwanglosen Fröhlichkeit gefeiert ward, die in den Schatten des Landlebens wohnt.

Unsere Leser schenken uns die Mühe, zum zweitenmal Ehekontrakte zu schließen, und Hochzeitkleider zu beschreiben, und erlauben uns nur noch, ein kleines Abentheuer zu berühren, welches Lady Freelove und ihrem Gemahl begegnete, als sie die Neuvermählten eines Tages sich selbst überlassen, und sich einen einsamen Spaziergang vorgenommen hatten, der ihnen, so gern sie auch in Gesellschaft ihrer Freunde waren, doch immer das meiste Vergnügen gewährte.

Der Abend war schön, das Gespräch theilte sich in Erinnerung vergangener Leiden und Aeußerungen des Entzückens über gegenwärtiges Glück, so kamen sie unvermerkt weiter, als sie sonst zu gehen pflegten, und wurden jezt in einer Entfernung, wo sich das Thal nach der Landstraße öfnete, eines Weibsbildes gewahr, das zuerst durch die Seltsamkeit der Kleidung Emiliens besondere Aufmerksamkeit erregte.

Sie saß an einer Hecke, und zehrte von einem großen Stück Brod mit fetten Schinken, wie es schien, mit vieler Behaglichkeit, der Schnitt ihres Kleides und der Stoff desselben, so wie dessen Gehalt ursprünglich gewesen seyn

mochte, zeigte eine Person von nicht ganz gemei=
nem Stande, aber die herumhängenden Lumpen
und der Schmuz, der die ersten Farben entstellte,
welche das höchste Karmoisin und Pfaugrün ge=
wesen seyn mußten, bezeichnete die äuserste Ar=
muth oder Lüderlichkeit. Kein Schatten von
Leinenzeug war an ihrem Hals oder Armen zu
sehen. Ihr falbigter Nacken, welcher ehemals
ziemlich fett, aber nie weiß gewesen seyn konnte,
war mit einigen Fragmenten von schwarzen Krep
in Gestalt eines Halstuchs sehr nachläßig bedeckt,
und eine ungeheure Haube von Flor, welcher
vor Jahr und Tag einmal weiß gewesen seyn
konnte, verhüllte ihr Gesicht so, daß Lady Free=
love beym Näherkommen nur dann erst in ihren
Zügen eine alte Bekannte ahnden konnte, als
sie eine Kürbisflasche, welche bey ihr stand, an
den Mund sezte, und sich rückwärts beugte, um
den kleinen Rest von Getränk, der noch in der=
selben seyn mochte, bis auf den lezten Tropfen
auszuleeren.

Himmel! schrie Emilie, als sie sich jezt
völlig von der Wahrheit ihrer Muthmaßung über=
zeugt hatte, Mistris Hippocrene? —

Die Mutter der Pierrinnen, denn sie war
es wirklich, fuhr bey Nennung ihres Namens
auf, und ihr Erstaunen vermehrte sich, als sie
sah, daß die Person welche ihren Namen aus=
gesprochen, eine ziemlich gekleidete Dame war,
die sich vertraulich auf den Arm eines jungen

Mannes legte, deſſen Aeußeres ſeinen Stand hinlänglich bezeichnete. Von Perſonen aus dieſer Klaſſe gekannt und angeredet zu werden, hatte dieſes armſelige Geſchöpf jezt wohl nicht vermuthen können.

Sie ſtarrte eine Weile Emilien voll Erſtaunen an, wagte denn einen kühnern Blick unter ihren Huth, und rief mit dem Anſtand, den wir noch von alten Zeiten an ihr kennen, aus: bey den unſterblichen Göttern Emmy Reinolds! oder meine Sinne ſind bezaubert!

Die war ich einſt! erwiederte Lady Freelove, aber ich bitte, Madam, was iſt in der langen Zeit, da ich ſie nicht ſah, aus ihnen geworden?

Wollen ſie nicht lieber fragen, Kind? was aus ihrem Vermögen geworden iſt? Eine ſolche Frage würde in dem Mund einer feinen reichgekleideten Dame gegen eine Bettlerin ganz artig lauten! — Doch getroſt; wer weis, wie ſie zu ihrem jetzigen Glanze kamen, und daß ich jezt die ſchwere Hand des Schickſals fühle, iſt nichts beſonders; außerordentliche Perſonen, außerordentliche Schickſale! Meine Abentheuer ſind viel, und von ungewöhnlicher Gattung. Ich bin jezt eben darüber aus, ſie zu ſammeln, und zum Druck fertig zu machen, wenn ſie ſubſcribiren wollen; das Format wird ein niedliches Taſchenduodez, Druck und Papier auserleſen ſchön, die Kupfer Meiſterſtücke, und der Inhalt! o! der Inhalt!

Laſſen ſie ſich ſagen, dieſer übertrift alles, was ſie je Großes, rührendes, Herz erſchütterndes geleſen haben mögen. Nur an eine Kleinigkeit ſtößt ſich es noch; ich und Herr Hippocrene können nicht über den Titel einig werden; er beſteht darauf, das Werk Henrich und Aſtrda zu nennen, da ich hingegen mit Beybehaltung dieſer ganz guten wohlklingenden Namen den Inhalt des Buchs gern noch in fünf bis ſechs ſprechenden Zeilen andeuten wollte; ſie wiſſen, ſo etwas thut auf einen Titel mächtig gute Würkung. Aber Herr Hippocrene wird niemals klug werden, wie ſie wiſſen, und er iſt mir alſo auch hierin zuwider. Kaum den Namen Aſtrda, den ich mir in dieſem Werke gegeben habe, wollte er mir gönnen, da ich doch keinen beſſern zu wählen wüßte, weil ja meine hartnäckige Anhänglichkeit an das Gute und unbeweglicher Abſcheu für das Böſe weltbekannt iſt, und ich alſo der himmliſchen Aſtrda — — —

Ich bitte, meine Theure, ſagte Sir George, welcher bey dieſer Rede gleichen Reiz zum Unwillen und zum Lachen fühlte, auf franzöſiſch zu Emilien, ich bitte, laſſen ſie dieſe Närrin!

Närrin? ſchrie Miſtris Hippocrene, welche ihn verſtand, hören ſie den Plan meines Buchs, und urtheilen ſie, ob ich den Namen einer Närrin verdiene?

Ums Himmels willen, nicht, Madam! erwiederte Emilie. Mein Gemahl ist kein Freund von Schriften dieser Art, und ich bitte sie —

Wie? schrie die Dichterin, der Herr ist ihr Gemahl? — Gerechte Götter, welche Schicksale! Hier Weisheit und Talent ein Raub des Elends! und dort — doch Madam, mich dünkt, sie wollten noch etwas sagen —

Nichts als sie bitten, uns einen kleinen Wink über ihre gegenwärtigen Verhältnisse zu geben, und uns Mittel zu zeigen, wie ihnen etwa zu helfen wäre.

Helfen, Kind, wollen wir uns mit Beystand der guten Götter in wenig Monaten selbst, denn sie können wohl denken, daß ein Buch wie das meinige! — — doch Unterstützung für den gegenwärtigen Augenblick? ja, das wär etwas! — Hören sie also, oder sehen sie vielmehr, denn mahlerisch soll meine Beschreibung seyn, sehen sie die Grundlinien unsers schwarzen Schicksals.

Gewiß ists das größte Unglück für ein weibliches Genie, an einen Mann gefesselt zu seyn, der eine niedrige Seele, schwache Verstandeskräfte, und gemeine Begriffe hat; hätte Herr Hippocrene sich von mir in Ansehung seines Schauspiels leiten lassen, wir hätten nie jenen sumpfigten Räuberwinkel, das verwünschte Irrland gesehen. Aber so gieng es wie es gehen muste;

die Direkteurs von beyden Theatern verwarfen das Stück, welches, da diese Männer natürlich nicht die Einsichten haben, die ich besitze, doch immer einen grossen Mangel an Geschmack und Urtheilskraft, wie wir sie gewöhnlich heutzutage haben, verrieth.

Herr Hippocrene ward fast rasend, er brüllte, fluchte, und schwur, er könne nie wieder eine frohe Stunde haben, bis das Trauerspiel auf irgend einem Schauplatz aufgeführt worden sey. So bewegte er mich endlich zur irrländischen Reise, aber, o hätte ich alles voraussehen können, ich wär nicht von der Stelle gegangen! warum fehlt es auch in unsern Zeiten an Auguren, die die weisen Alten so vortreflich über die guten und bösen Stunden zu unterrichten wusten! Gewiß die Römer waren ein grosses Volk, aber in unsern verblendeten England ist weder Anstalt noch Ordnung!

Und waren sie in Dublin glücklicher? fragte Emilie.

Nein doch, Madam, erwiederte sie, wie sie so gleich hören werden!

Und solle es denn nicht möglich seyn, versetzte die erstere, welche der Erzählung, die ihrem Gemahl lästig zu werden schien, gern ein schnelles Ende machen wollte, sollte es denn nicht möglich seyn, daß das Stück noch einmal umgearbeitet, und so für irgend eins der beyden Theater brauchbar gemacht würde.

Ohne Veränderung, ohne Umarbeitung, Madam, antwortete die Dichterin, kann dieses geschehen; denn ich versichere ihnen, daß es schon mit grossem Beyfall aufgenommen worden ist.

Also glückte es ihnen doch in Irrland?

Irrland? — Nein wahrhaftig, die Ehre, ein Meisterstück zu sehen, war dem verrufensten aller Winkel der Erde nicht aufbehalten. Den unverdorbenen Söhnen der Natur erschien Melpomene in ihrem festlichsten Gewand, und sie jauchzten ihrer Gottheit entgegen. So tönte einst dem unschuldigen Hirten die Flöte des himlischen Phöbus, und — — doch sie wollen das alles in der gemeinen Sprache der Sterblichen hören; wissen sie also: wir verliessen das undankbarste aller Länder, und landeten vor ungefähr vierzehn Tagen zu Chester, sehr mitgenommen von dem Elend, das wir zu Wasser und zu Lande erduldet hatten. Hier fanden wir eine Gesellschaft wandernder Schauspieler, und Herr Hippocrene, dem es bloß um die Aufführung seines Stücks zu thun war, bestand darauf, daß wir uns hier engagiren sollten. Aber er trat nicht so bald mit der Foderung hervor, die ihm auf dem Herzen lag, so war alles aus, und man weigerte sich schlechterdings, die Versammlung der Götter aufs Theater zu bringen. Dieses brachte te Herrn Hippocrene von neuem in Wuth, er schäumte und redete solche anaussprechliche Worte, daß ich völlig überzeugt bin, seine Vernunft ist in selbigen Augenblicken ganz hingewesen.

Da ich sahe, wie weit es mit ihm gekommen war, so schlug ich vor, um ihn nur einigermassen zu trösten, wir wollen das Trauerspiel unter uns, auf unsere eigene Hand aufführen, damit sie nur sähen, was sie verworfen hätten. Auch dieser Anschlag verunglückte, und wir sahen uns genöthiget, weiter zu gehen, bis wir endlich, wenige Meilen von hier, einen Pachter beredeten, uns seine Scheune zu leihen, und gestern Abend zum erstenmal vor einer sehr zahlreichen Versammlung mit allgemeinen Beyfall aufführten, die **Versammlung der Götter, ein Originaltrauerspiel von Herrn Henrich Hippocrene.**

Aber um Gottes willen, Madam, schrie Sir Georg, der sich hier zum erstenmal ins Gespräch mischte, und das Lachen nicht mehr zu verbeissen im Stande war, sie musten ja Akteurs zu den Nebenrollen haben, ich bitte, wie machten sie denn das?

Wir hätten nicht einen einigen Gehülfen, auf meine Ehre, erwiederte sie, sondern Herr Hippocrene, ich und die Kinder, übernahmen das ganze Stück; aber es war auch eine unglaubliche Fatigue, das kann ich ihnen versichern; indessen was thut man nicht für die Ehre! Da der arme Herr Hippocrene alle männliche Rollen auf dem Halse hatte, so mußte er wahrhaftig an allen Orten auf einmal seyn. Den Appollo nahm ich ihm ab, und es gieng gut, ob ich gleich gestehen muß, daß ich nur in der Rolle der Venus excellirte. Und doch hatte ich nicht einmal so viel Zeit, für passende Kleidung zu sorgen, sondern wie ich hier gehe und stehe, muste ich aufs Theater, aber ich war mit Leib und Seele dabey, und in solchen Fällen thut man Wunder, wie sie wissen!

Emilie verließ die unglückliche Thörin nicht, ohne ihr Merkmale ihrer Mildigkeit zurückzulassen, welche diese weder verdiente, noch auf anständige Art zu empfangen verstand; doch ließ Emilie es nicht dabey bewenden, sondern sie sorgte in der Folge gründlich für sie, und bat ihren Gemahl, das, was sie nicht vermochte, zu ersetzen.

Das durch eigene Thorheit unglückliche Ehepaar ward in einem benachbarten Städtgen auf einen Fuß gesetzt, wo sie durch Fleiß in einem Fache, dem sie gewachsen waren, und durch die Güte ihrer Wohlthäter anständig hätten leben können. Die Kinder, deren sich die wohlthätige Emilie besonders annahm, wurden von ihren phantastischen Eltern hinweggenommen und in eine Kostschule gethan, wo ihre edle Gönnerin nicht ermangelte, selbst von Zeit zu Zeit ihre Fortschritte zu bemerken. Diese Kinder waren es auch allein, an denen Lady Freeloves Wohlthaten nicht verloren waren, und die ihr in der Folge Freude machten, da hingegen ihre El-

tern bald zeigten, daß sie auf keine Weise zu
retten oder zu bessern waren.

Herr Hippocrene war zu verliebt in seine
Göttin, die tragische Muse, als daß er lang der
Wohlthaten der ehemals so sehr von ihm belei-
digten Emilie hätte in Ruhe geniessen können.
Unter seinen arbeitenden Händen kam ohne Zu-
thun des Gehirns, oder nur unter dem unglücklichsten Einfluß desselben, ein zweytes Trauerspiel zu stande, das noch lächerlicher war als das
erste; er machte unter der Hand neue Versuche,
es bey dem Londner Theater anzubringen, und
als diese misglückten, gieng er in der Stille mit
seinem Weibe davon, ohne daß man je erfahren
konnte, wohin sie gekommen waren, zu Brüssel
hatte man sie zuletzt gesehen, und es ist wahrscheinlich, daß er sich von da aus nach den entferntesten Weltgegenden aufmachte, um zu versuchen, ob er den rohesten Söhnen der ungebilde-
sten Natur, den Wilden, die Gottheit seiner Muse
könne begreiflich machen.

Emilie genoß unterdessen die höchste Glückseligkeit, welche Liebe, Freundschaft, und weislich
ausgeübte Wohlthätigkeit einer der edelsten Seelen gewähren konnten. Ihr Gemahl machte es
zu dem Geschäft seines Lebens sie zu beglücken,
Lord Edward und Lady Sara liebten sie unaussprechlich, und nannten sie die Schöpferin ihres
Glücks. Ihre mütterliche Freundin, Mistriß Easy, kam wenig von ihrer Seite. Mistriß Freelove sprach oftmals zu Freeloveplace ein, die Re-

lands, die Wildhams, und eine Menge anderer treuer Freunde und liebenswürdiger Bekannten, welche Theil an Emiliens Geschichte genommen hatten, nannten diejenigen Tage die glücklichsten, welche sie in ihrer Geselschaft zubringen konnten, und selbst Lady Karoline begegnete ihr, wenn unglücklicher Zufall sie zusammenbrachte, mit möglichster Achtung und Gutmüthigkeit; doch da ihre Gemüthsart, welche nie unter die besten gehört hatte, durch die traurige Lage sehr verschlimmert worden war, so befand sie sich selten in der Laune, den Anblick der glücklichen Emilie mit Anstand zu ertragen, und vermied also denselben immer, wo sie wuste und konnte.

www.ingramcontent.com/pod-product-compliance
Lightning Source LLC
Chambersburg PA
CBHW031939230426
43672CB00010B/1977